북한대학원대학교 총서 7

북한 도시주민의 사적 영역 연구

이우영 엮음

한울
아카데미

● 이 도서의 국립중앙도서관 출판시도서목록(CIP)은 e-CIP홈페이지(http://www.nl.go.kr/ecip)
  에서 이용하실 수 있습니다. (CIP제어번호 : CIP2008002553)

북한대학원대학교 총서를 내며

경남대학교 북한대학원은 1997년 3월 국내 최초로 북한·통일을 교육하고 연구하는 특수대학원으로 문을 열었고, 2000년 7월, 기존의 특수대학원을 전문대학원으로 개편, 2005년 3월에는 북한대학원 대학교로 전환하였습니다. 북한대학원 대학교는 체계적인 북한·통일 연구 및 교육을 선도하고, 남북 교류·협력 및 통일에 대비할 전문 인력 양성을 통해 남북한 평화공존 및 평화통일에 기여하는 데 설립목적을 두고 있습니다. 그동안 북한·통일 연구 및 교육의 성과를 바탕으로 북한·통일 교육을 위한 학부 및 대학원 수준의 교과서와 협동 및 단독 연구를 경남대학교 북한대학원 총서로 발간하여왔습니다. 북한대학원 대학교 총서는 기존의 경남대학교 북한대학원 총서를 계승하는 것으로서 앞으로 북한대학원 대학교는 경남대학교와 공동으로 총서의 출판을 지속할 것입니다. 북한·통일 분야에 관심 있는 학생과 연구자들의 많은 관심이 있기를 바랍니다.

머리말

　북한에서는 1990년대 초 이래 심각한 경제위기를 겪으면서 장마당을 비롯한 비공식경제가 급격하게 활성화되었다. 국가공급체계가 붕괴되면서 북한 주민들 대다수가 가족 생계를 위한 자구적 대응책 차원에서 시장적 관계에 참여하지 않을 수 없었기 때문이다. 북한 당국이 2002년에 이른바 '7·1 조치'(새로운 경제관리개선조치)를, 그리고 2003년에 '종합시장 설치' 조치 등을 시행한 것은 사회 전반으로 확산된 비공식적인 시장화 흐름을 제어하면서 이를 제한적 범위 내에서 합법화하려는 정책적 대응의 산물이었다.

　이처럼 1990년대 이후 북한에서는 국가부문의 공식경제 관리나 공식적인 사회정치적 관계망의 작동방식이나 일상생활의 재생산 등에서 질적 변화가 생겼다. 북한 사회의 이런 변화가 함축할 수 있는 체제이행론적 의미나 시사점을 찾기 위해 그동안 국내외에서 많은 연구가 이루어졌다. 이 연구도 크게 보면 이런 문제의식을 공유하고 있다.

　그렇지만 북한 도시의 사적 영역 형성문제를 다루고 있는 이 연구는 몇 가지 점에서 대다수 기존연구들과 구분된다.

첫째, 이 연구에서 다루는 주제 자체가 독특하다. 1990년대 경제위기의 결과로 북한에서도 사적 영역이 새롭게 발현하여 형성되고 있음에도 불구하고 이 문제를 본격적으로 다룬 연구는 이제까지 없었다. 이런 점에서 이 연구는 이제까지 많이 접해온, 정치·경제체제의 제도적 변화를 다룬 북한 연구에서 보여주는 정치주의적이거나 경제주의적인 해석과는 다른 새로운 관점에서 북한 체제의 변화를 살펴보려고 하는 독자들의 지적 욕구를 충족시키는 데 적지 않게 도움이 될 것이다.

둘째, 대다수 북한 연구가 정치체제나 경제제도의 변화 문제를 거시적·구조적 수준에서 다루고 있는 데 반해 이 연구는 1차적으로 미시적·행위주체적 접근에 입각해 있다. 이 연구는 북한 주민들의 일상생활영역이라는 미시적 수준에서 이루어지고 있는 공적 영역과 사적 영역의 고착된 경계의 부분적 유동화(流動化)의 정치경제적·사회문화적 의미를 추적하고 있다. 이 점에서 1990년대 이후 결코 순탄하지 않는 국내외적 상황 속에서 "뭔가 변한 것 같으면서도 뚜렷한 변화를 찾아보기는 쉽지 않은", 또는 "변하지 않은 것 같으면서도 분명히 뭔가 실제적인 변화가 있었음에 틀림없는" 북한 사회의 '변화'에 대해 궁금해하는 독자들의 지적 호기심을 조금이나마 해소하는 데에도 이 연구는 도움이 될 것이다.

셋째, 북한과 관련된 이런 주제를 이런 문제의식을 가지고 연구할 때 당연히 요청되는 것이지만, 이 연구에서는 분석 작업을 위해 탈북자 심층면접조사 자료와 공간된 북한 문학 자료를 주로 활용했다. '사적 영역'이라는 연구주제 자체에서도 쉽게 짐작할 수 있는 것이지만, 어떤 개인이나 가족의 '사적' 생활 자료를 수집하는 일은 절대로 용이한 작업이 아니다. 그래서 우리는 이 연구에서 탈북자 심층면접조사를 통해 필요한 자료를 수집하는 데 많은 시간과 공력과 비용을 들였다. 또 일부 소주제 연구에서는 심층면접조사에서 상대적으로 부족한 부분을 채워 넣기 위해 북한 문학 자료를 수집하고, 이를 '징후적으로 독해'하는 데에도 꽤나 정성을 쏟았다. 우리는 이렇게 수집하여 가공한 북한 주민들의 '사적' 일화(逸話) 다수(多數)를 우리 연구의 논증의 근거로서 절제된 방식으로 제시하였다. 이 점에서 이 연구는 때로는 거친 숨결을 몰아쉬거나 진한 땀 냄새를 풍기면서 '공적' 영역의 삶과 '사적' 영역의 삶 사이에서 — 물론 현실세계에서 이 두 영역의 삶은 공간적으로 또 시간적으로 분리되어 있다기보다는 부분적으로 중첩되고 혼재되어 있다 — 양줄 타기를 마다할 수가 없는, 또 마다해서도 안 되는 북한 주민의 일상생활의 단편들을 엿볼 수 있는 기회를 지적 감수성과 상상력이 풍부한 독자들에게 줄 것이다.

이 연구는 네 개의 소주제 연구들로 구성되어 있다.

제1장 「북한의 공(公)과 사(私) — 이론화를 위한 비교」에서 함택영·구갑우는 북한의 사적 영역을 체제이행론적 맥락에서 개념적으로 규정하기 위해서는 '개별적 공민'이나 '개인재산'과 같은 실체화된 법적 개념의 외연적 변형 가능성이나 기존 공적 공간의 재배열에 유의해야 한다는 점을 강조한다.

제2장 「북한 도시 사적 부문의 시장화와 도시가구의 경제적 계층분화」에서 최봉대는 북한 사적 부문의 활성화에 의해 촉진된 경제적 계층분화가 정치적 신분 불평등체계에 터한 비공식적 연결망자원의 불평등한 배분에 의해 제약되는 것을 보여준다. 따라서 사적 영역의 경제적 계층분화에서 체제이행의 계급적 주체 형성을 전망하는 것은 별로 설득력이 없다고 본다.

제3장 「북한 주민의 사적 욕망」에서 최완규·노귀남은 북한에서 1990년대 경제위기 이후 확산된 사적 영역을 경험적으로 검증하기 위한 방편으로 개인들의 '사적 욕망' 충족방식을 세 가지 '전형' — 각기 권력, 고등교육, 화폐자본을 수단적 매개물로 하는 '정치지향형, 기술전문가형, 생존경제형' — 으로 구분해서 분석하고 있다.

제4장 「북한 체제 내 사적 담론 형성의 가능성 — 공적 담론 위기를 중심으로」에서 이우영은 장마당과 같은 사적 공간의 확대에 힘입어 북한에서 공적 담론은 약화되는 반면에 사적 담론이 형성되고 있다고 본다. 그렇지만 기존 통제기제의 작동이나 사적 사회적 관계망이 기득권 집단에 연계되어 있다는 점에서 사적 담론이 대항담론으로 발전하기는 어렵다고 평가한다.

우리는 이 연구가 북한 사회의 실제적 변화를 온전하게 포착하고 있다고 강변할 생각은 없다. 단지 실재하는 북한의 현실에 조금 더 근접하기를 바랄 뿐이다. 그리고 부족한 이 연구를 디딤돌로 삼아 북한 사회 연구에 중량감을 더해줄 수 있는 참신하고 깊이 있는 연구들이 국내에서 활발하게 이루어지길 기대한다.

2008년 7월
북한대학원대학교 교수
이우영

차 례

북한대학원대학교 총서를 내며 • 3
머리말 • 4

제1장 북한의 공(公)과 사(私) 이론화를 위한 비교 함택영·구갑우 ···· 11
  1. 문제 제기 • 11
  2. 근대의 공과 사 • 12
  3. 사회주의 사회에서 공과 사 • 19
  4. 북한의 공과 사 • 25
  5. 결론에 대신하여 • 35

제2장 북한 도시 사적 부문의 시장화와 도시가구의 경제적 계층분화
      개별기구의 비공식적인 연결망자원의 계층화 매개효과 최봉대 ···· 41
  1. 머리말 • 41
  2. 이행기 경제적 계층범주 설정과 비공식적 연결망의 정의 • 43
  3. 도시가구의 경제적 계층분화와 비공식적 연결망자원의 역할 • 50
  4. 맺음말 • 70

제3장 북한 주민의 사적 욕망 최완규·노귀남 ································ 77
  1. 서론 • 77
  2. 욕망 유형과 사회상 • 81
  3. 욕망과 사회체제상의 영향 • 116
  4. 결론 • 137

제4장 북한 체제 내 사적 담론 형성의 가능성
     공적 담론 위기를 중심으로 이우영 ······················· 143
  1. 문제 제기 • 143
  2. 사적 영역과 사적 담론 • 146
  3. 지배담론과 대항담론 • 152
  4. 북한 공적 담론의 형성과 위기 상황 • 155
  5. 사적 담론 형성의 가능성 • 165
  6. 맺음말: 사적 담론의 형성의 의미 • 180

부록 피면접자 코드와 기초 인적사항 • 185
찾아보기 • 187

제1장
북한의 공(公)과 사(私)
이론화를 위한 비교

| 함택영·구갑우 |

1. 문제 제기

인간사회에서 공적 영역과 사적 영역의 경계는 유동적이다. 예를 들어 현대 자본주의 사회에서 신자유주의적 이념이 활성화되면서 공공재로 간주되던 다양한 재화가 사적 재화로 전환되고 있다. 공기업의 사유화(privatization) 또는 사기업의 국유화(nationalization)는 공적 영역과 사적 영역의 경계를 재설정하려는 시도라고 할 수 있다. 국민국가 내부뿐만 아니라 국제적 수준에서도 공과 사의 경계 변화가 발생하고 있다. 한미 FTA 협상에서 논란이 되고 있는 주제인 국가-투자자 소송제도는 국제적 수준에서 공적 영역에 위치하고 있던 분쟁해결절차가 사유화되고 있음을 보여주는 대표적 사례 가운데 하나다. 북한에서 농민시장의 진화는 경제적 측면에서 사적 영역이 형성되는 하나의 계기일 수 있다.

공과 사의 경계가 유동적이라는 사실에는 누구나 동의할 수 있지만 공과 사의 경계를 유동화하는 힘이 무엇인가를 규명하는 것은 쉬운 일이 아니다. 특정한 사회구성에 따라 공과 사의 경계를 결정하는 힘이 다를 수 있기 때문에 그 경계를 결정하는 일반이론을 만드는 것은 불가능한 것처럼 보인다.

이 글은 '고전적 사회주의체제'를 점진적으로 이탈해가는 북한에서 공과 사의 경계가 재설정되는 과정을 이론화하려는 시론적 시도다. 2002년 7·1 경제관리개선조치를 전후로 한 공과 사의 경계 변화에 초점을 맞출 것이다. 이를 위해 사회주의 사회와 근대사회에서 공과 사의 개념과 경계를 살펴보고, 북한 특유의 공과 사의 관계를 살펴볼 것이다.

2. 근대의 공과 사

공과 사의 구분은 사회로부터 경제가 분리되는 것보다 먼저 출현했다. 서구사회에서 공과 사의 구분은 고대 그리스에서 시작되었다. 고대 그리스에서 폴리스는 그 구성원 사이에 평등한 관계가 유지되었다는 점에서 일차적으로 가정경제와 구별된다. 가정은 폴리스와 달리 불평등 관계의 중심이었다. 따라서 고대 그리스에서 사적인 것은, "어떤 것으로부터 박탈된 상태"를 의미했다.[1] 즉 고대 그리스의 정치공간은 자유시민을 위한 공적 영역과 필요(necessity)라는 기준과 긴밀하게 연관

---

1) H. Arendt, *The Human Condition*(Chicago: Chicago University Press, 1958).

된 사적 영역으로 구분되어 있었다. 그리고 공적인 생활은 시장인 아고라(agora)에서 이루어졌음을 볼 때, 공적인 것이 정치적인 것과 등치되지는 않았음을 알 수 있다.2) 이 독특한 공적 영역의 형성은 자신들의 시민권을 소유의 대상이 아니라 공유의 대상으로 생각했던 시민 대다수의 집합적 실천을 통해 이루어졌다. 이 시민들은 노예와 혼혈인을 지배할 수 있는 정치권과 경제권을 가지고 있었다.

로마법의 영향이 강하게 남아 있던 중세시대에는 공적 영역이 공공소유와 관련된 레스 푸블리카(res publica)와, 사적 영역은 사적 소유와 관련된 레스 프리바투스(res privatus)와 등치되었다. 공적 생활은 일반 사람들이 수동적으로 참여하게 되는 공식적 의무로 취급된 반면, 사적인 것은 기독교 원리에 기반을 두고 있었다.3) 즉 중세의 보편적 공동체에서는 공동의 인간본성을 갖는 세계인과 사적인 생활영역을 갖는 개인이라는 관념이 공존하고 있었다. 공적 권위체의 부재와 모든 사회형태의 기독교적 규범의 포섭으로 묘사될 수 있는 중세시대는 기독교적 형제애가 공적인 것으로 전화되었고, 그 체제에서 봉건영주는 농노들에게 그들의 '사적' 정치권력을 행사할 수 있었다.

정치경제적 측면에서 자본주의 생산양식과 국민국가의 접합으로 시작된 근대에서 공과 사가 구분되는 과정을 이해하기 위해서는 하버마스(J. Habermas)가 부르주아 공공영역이라고 부른 공간에 대한 천착이 필요하다. 근대에 들어오면서 공적인 것은 모든 사람이 사회의 일반이

---

2) J. Habermas, *The Structural Transformation of the Public Sphere*(Cambridge: Polity, 1989).

3) R. Sennet, *The Fall of Public Man*(Boston: Faber and Faber, 1977).

익을 정밀하게 검토할 수 있는 개방성을, 사적인 것은 가족이나 친구들로 한정되면서 보호되는 영역을 의미하게 되었다. 17세기 말에 이르러 이러한 공과 사의 구분이 이루어졌다. 특히 공적인 것은 사회에 존재하는 공동선 및 유기적 통치체(body politic)를 표상했다.[4] 그러나 이 시민적(civic) 관점은, 근대사회가 발전하면서 국가 행정부를 공적인 것으로, 시장을 사적인 것으로 이해하는 자유주의적 해석에 압도되기 시작했다.[5] 이 새로운 형태의 공적 영역, 즉 부르주아 공공영역은 자본주의 생산양식과 국민국가가 접합되기 위한 필수조건이었다.

우선, 추상적인 측면에서 자본이 본성상 공간적 제약으로 자유롭다고 한다면, 새로운 정치권력의 등장은 정치공간의 재편과 맞물려 있다는 점을 상기해야 한다. 만약 공간이 사회적 권력을 담는 그릇이고 이 공간의 재구조화가 특정 시점에서 사회관계의 재구조화와 연관되어 있다면, 당시 지배적인 사회관계로 부상하던 자본주의 생산양식과 국민국가, 그리고 국민국가의 공간적 정체성의 기반인 국민형태와의 관계를 고려해야 한다. 그러나 여기에 어려운 점이 존재한다. 자본이 본성상 공간적 구속력으로부터 자유롭다는 사실과 권력관계를 재구성하는 투쟁은 공간적 토대를 재조직하려는 투쟁이라는 모순에 직면

---

[4] 같은 책, pp. 16~17.
[5] 공·사 구분을 둘러싼 다양한 관점에 대해서는, J. Weintraub, "The Theory and Politics of the Public/Private Distinction," in J. Weintraub and K. Kumar(eds.), *Public and Private in Thought and Practice*(Chicago: The University of Chicago Press, 1997), pp. 1~38; J. Caporaso and D. Levine, *Theories of Political Economy*(Cambridge: Cambridge University Press, 1992), pp. 11~17; 구갑우, 『유럽통합의 정치와 신자유주의적 통신정책: 1980년대와 1990년대를 중심으로』(서울: 한국학술정보, 2007), 제3장 참조.

하게 된다.6)

이 모순을 인정한다면, 자본주의 생산관계에서 국민형태 및 국민국가를 단선적으로 연역하거나 또는 그 역을 상정하는 것은 불가능하다.7) 극단적으로 이야기한다면, 원칙적으로 자본주의는 국민국가 또는 국민국가체계를 필요로 하지 않고, 국민국가도 자본주의를 반드시 필요로 하지 않는다. 이 주장을 수용한다면, 자본주의적 사회관계로부터 국민국가를 도출하거나, 그 반대로 국민국가로부터 자본주의적 사회관계를 연역하는 것은 불가능하다. 이는 자본주의 생산양식이 필요로 하는 국가형태 또는 정치형태가 사전에 결정될 수 없음을 의미한다. 그렇다면, 자본주의 생산양식과 국민국가의 공존을 역사적으로 우연적인 접합으로 이해할 수밖에 없다. 예를 들어 국민국가의 주요한 제도들인, 관료제, 상비군, 조세체계 등이 자본주의 생산양식의 필연적 구성물이 될 수 없다는 것이다.

폴라니(K. Polanyi)의 표현을 따른다면 이 접합은 화폐, 노동력, 토지 등과 같은 허구적 상품(fictitious commodity)을 통해 매개되었다. 그가 정확히 지적하는 것처럼, 이 허구는 시장기제가 작동할 수 있는 가장 중요한 조직원리를 제공했다.8) 즉 이 허구적 상품은 자본주의적 생산과 유통의 필수적 구성물이었다. 그러나 다른 한편으로 이 허구적 상품은

---

6) 데이비드 하비, 『포스트모더니티의 조건』, 구동민·박영민 옮김(서울: 한울, 1994), 291쪽.

7) E. Balibar, "The Nation Form," in E. Balibar and I. Wallerstein, *Race, Nation, Class*(London: Verso, 1991).

8) K. Polanyi, *The Great Transformation: The Political and Economic Origins of Our Time*(New York: Farrar, 1944).

국민국가의 상징이었다. 화폐의 발행은 주권 그 자체를 표상한다. 노동력을 자유롭게 판매할 수 있다는 것은 일정한 영토 내에서 시민권을 획득했음을 의미한다. 또한 토지는 국민국가의 고유한 속성인 영토성의 구체적 형태이며 생산된 상품이 실현되기 위해서는 구매자와 판매자의 실질적 계약이 성립되는 장소로 시장이 필요하다. 이 교환체계가 강도행위가 아니라 주고받기가 되기 위해서는 이 협정을 실행할 수 있는 법적 물리적 하부구조가 요구된다. 이 과정에서 과세체계가, 자본가에는 자본주의적 생산과 유통에 필요한 하부구조를 제공받는 데 대한 대가를 지불하는 체계로 또한 국민국가 관료들의 관점에서는 자신의 정치권력을 유지할 수 있는 물질적 원천을 제공할 수 있는 핵심적 제도로 기능했다.9) 따라서 자본이 자신의 재생산을 위해 필요한 고정된 사회적·물리적 하부구조를 필요로 하는 순간, 자본은 공간의 생산에 의존하게 된다. 결국, 자본주의는 그것의 재생산을 확실하게 보증하는 국민국가 내부로 유배되었다.

그러나 여전히 풀리지 않는 이론적 문제가 남는다. 만약 자본주의 생산양식이 국민국가와 접합되었다면, 이 국민국가는 자연스럽게 자본주의 국가로 전화하는가의 문제이다. 근대국가를 묘사할 때, 각 이론가들의 정치적 관점 또는 이론적 필요에 따라 국민국가와 자본주의 국가라는 개념이 혼재되어 사용되고 있다.10) 이 이론적 문제는 근대사

---

9) P. Kapteyn, *The Stateless Market: The European Dilemma of Integration and Civilization*(London: Routledge, 1996), pp. 14~15.
10) 이 논의에 대해서는, E. Wright, "Models of Historical Trajectory: An Assessment of Giddens's Critique of Marxism,"; B. Jessop, "Capitalism, Nation-State and Surveillance." in D. Held and J. Thompson(eds.), *Social*

회에서 공적인 것의 등장과정에 대한 천착을 통해 부분적으로 해결할 수 있다.

국가의 기원에 대해 갈등론적 입장을 취하든, 통합론적 입장을 취하든 국가가 무장한 채로 등장했다는 점과 그것이 고유의 제도를 갖고 있다는 사실은 부정할 수 없다.11) 이 국가실체는 필연적으로 하나의 형태를 수반하게 된다. 왜냐하면 하나의 국가가 국가로서의 자격을 갖추기 위해서는 역사적으로 종별적인 사회구성 속에 존재해야 하기 때문이다. 국가를 정의할 때, 국가가 사회 위에 존재하는 독립적 구조 또는 제도의 집합이라는 점과 이 제도들이 사회관계를 반영하고 있다는 점을 고려해야 한다. 따라서 제도의 집합체로서 근대국가는, 국민국가이고 동시에 자본주의 생산양식에 필요한 정치적 기능을 제공하는 자본주의 국가이다.

하버마스가 매우 명확하게 지적하는 것처럼, 완전히 발전된 부르주아 공공영역은 모여서 하나의 공중을 형성하는 사적인 개인들이 담당하는 두 가지 역할, 즉 재산소유자로서 그리고 인간 일반으로서의 역할이라는 허구적 정체성에 기반을 두었다.12) 이 부르주아 공공영역의 이

Theory of Modern Societies: Anthony Giddens and His Critics(Cambridge: Cambridge University Press, 1989)를 참조.

11) 국가의 기원에 관해서는, 조나단 하스, 『원시국가의 진화』, 최몽룡 옮김(서울: 민음사, 1989); J. Hall and G. Ikenbery, The State (Milton Keynes: Open University Press, 1989); F. Engels, The Origin of the Family, *Private Property and the State*(Moscow: Progress Publishers, 1990); G. Deuleuze and F. Guattari, *Anti-Oedipus*(Minneapolis: University of Minnesota Press, 1983) 등을 참조.

12) Habermas, *The Structural Transformation*, p. 56.

중성은 근대국가가 갖고 있는 이중성의 맹아적 형태라고 할 수 있다. 즉, 근대국가는 자본축적과 상품실현을 보증해야 할 뿐만 아니라 국민적 통합을 유지해야 한다.

자본주의적 생산과 교환관계가 확장되어감에 따라 사적 영역이 강화되었고, 자본가들은 교회로부터 그리고 아직은 자본주의 국가가 아니었던 절대주의 국가로부터 독립성을 획득하기 시작했다. 또한 자본가들은 친족(kinship)이나 후견인 - 가신(patron-client) 관계가 아니라 인쇄된 언어를 매개로 한 상상에 기초하여 서로를 결합한 최초의 지배계급이었다.[13] 자본가계급이 사적 영역에서 기업을 운영하기 위해서는 역설적으로 공적 규제를 필요로 했고, 자본가계급은 공적인 것의 생산에 개입해야 했다.

그리하여 자본가계급은 국가를 포위하기 시작했다. 한편으로, 자본가계급은 극장, 음악, 살롱, 소설, 비평과 같은 문화세계에 대한 지원을 함으로써 공공영역의 건설을 자극했고, 또한 국가가 여론이라는 매개체를 통해 사회의 필요와 접촉할 수 있도록 이 공공영역을 건설해갔다. 다른 한편으로 자본가계급은 정치에 개입하기 시작했다. 자본가계급은 자신들의 안정적 이윤추구를 가능하게 하는 조건인 경제적 자유를 보증할 수 있는 정치적 상부구조로 '의회주의적 개혁'을 요구했고, 이 과정에서 정치적 공공영역이 형성되어갔다.[14]

그리하여 비판적이고 공개적인 논쟁의 장으로서 부르주아 공공영역이 자본가계급의 집합적 이익을 대표하기 위하여 국민국가 내부에 형

---

13) B. Anderson, *Imagined Communities*(London: Verso, 1983), pp. 76~77.
14) Habermas, *The Structural Transformation*, pp. 57~88.

성되었다. 자본주의가 그 힘을 점점 증가시켜가면서, 정열적 자본가들은 국가의 공적인 것의 생산에 더욱 깊숙이 개입하게 되었고, 근대국가는 공공영역이 그 내부에서 '제조되고', '대량생산되는' 자본주의 국가의 성격을 띠게 되었다.15) 2차대전 이후의 서구 국가들은 바로 이 공적인 것의 생산과정에서 초기 부르주아 공공영역이 갖고 있던 비판적 개방성이 거세되면서, 다양한 공공재들이 자본주의적으로 대량생산된 근대국가였다.

공공재를 대량생산하던 자본주의 체제의 국가들이 공과 사의 경계를 재설정하게 된 계기는 1970년대의 경제위기였다. 경제위기의 극복을 위한 대안적 이데올로기로 신자유주의가 득세하기 시작하면서 공과 사의 경계가 흔들리기 시작했다. 시장이 모든 것을 결정한다는 이데올로기는 공적 영역의 축소를 초래했다. 국영산업의 민영화가 대표적 사례라고 할 수 있다. 민영화의 과정은 자본주의경제의 운영방향을 둘러싼 정치과정의 성격을 지니고 있었다. 즉 근대사회에서 공과 사의 경계는 '정치'에 의해 결정되고 있음을 알 수 있다.

3. 사회주의 사회에서 공과 사

일반적으로 국가권력이 한 계급의 손에서 다른 계급의 손으로 이행한다는 사실은 혁명의 주요하고도 근본적인 표지이다. 또한 혁명은 내

---

15) F. Webster, *Theories of the Information Society*(London: Routledge, 1995), pp. 101~105.

용과 형식의 측면에서 민주주의와 전제주의를 동시에 내포하고 있다. 자본주의의 지양을 목표로 했던 사회주의 혁명도 이러한 혁명의 일반적인 성격을 가지고 있지만, 이전의 혁명과는 근본적으로 구별되는 몇 가지 특징이 있었다. 마르크스(K. H. Marx)와 엥겔스(F. Engels)는 계급지배의 대체로서 자본주의 이전의 혁명은 본질적으로 소수자 혁명이었지만, 자본주의에서 사회주의로의 이행은 다수자 혁명이라고 주장했다. 그들은 노동력의 상품화와 이에 기초한 자본의 성립이, 이전 역사의 국지적 성격을 돌파하여 하나의 보편적인 세계사를 포괄하게 된다는 점과 하나의 계급으로서 프롤레타리아가 보편적인 존재양식을 갖게 된다는 데서 그 이유를 구하고 있다.[16]

또한 사회주의 혁명은 이행과정에서 봉건제에서 자본주의로의 이행과 차별성을 지니고 있다. 자본주의는 봉건사회의 틀 내에서 이론 또는 열망이 아닌 실제적 사회구조로 부르주아 혁명 이전에 출현했다. 부르주아 혁명은 이미 존재하던 사회관계에 대한 사후적 승인이었으며, 부르주아 권력에 대한 최종적 보증이었다. 이른바 공상적 사회주의자들은 사회주의로의 이행을 봉건제에서 자본주의로의 이행과 동일한 것으로 생각하고 있었다. 이들은 소규모의 사회주의 공동체가 사회의 지배적인 질서로 전화하는 이행의 형태를 상정하고 있었다. 이는 소유형태의 대체만으로 다가올 미래를 상정하는 것이었다.[17]

사회주의 혁명론과 관련하여 마르크스주의 내부에서 쟁점이 되었던 것이 프롤레타리아 독재와 사회주의와 공산주의의 개념이었다. 마르크

---

16) 칼 마르크스, 『프랑스 혁명사 3부작』, 허교진 옮김(서울: 소나무, 1987).
17) 베델하임·스위지, 『사회주의 이행논쟁』, 박성규 옮김(서울: 들녘, 1988).

스는 1875년 독일 사회민주당의 고타 강령에 대한 비판에서 자본주의 사회와 공산주의 사회의 혁명적 변혁의 시기에 상응하는 정치적 과도기의 국가로서 프롤레타리아의 혁명적 독재를 언급한 바 있다. 또한 자본주의의 지양태로서 공산주의를 오랜 산고 끝에 자본주의 사회로부터 방금 생겨난 공산주의 사회의 첫 단계와 공산주의 사회의 더 높은 단계로 구분한다. 전자는 부르주아적 동등한 권리가 관철되고 사회 구성원이 노동자로만 간주되는 사회이다. 후자는 개인 분업에의 예속의 소멸, 정신노동과 육체노동의 대립의 소멸, 노동이 삶의 제일의 욕구인 사회, 개인의 전면적 발전과 생산력의 성장이 이루어져 부르주아적 권리의 좁은 한계가 극복되는 사회로 정의되고 있다.18)

레닌(N. Harding, Lenin)은 마르크스의 프롤레타리아 독재론을 계승하여, 무정부주의자 및 사회민주주의자와의 투쟁 속에서 프롤레타리아 독재의 필연성을 실천적으로 제시했다. 국가의 즉각적인 폐지와 부르주아의 저항의 분쇄를 위한 무력, 즉 국가라는 조직된 폭력의 사용을 거부하는 무정부주의자와 국가의 계급적 성격을 부정하고, 부르주아 국가장치의 분쇄를 거부하는 동시에 국가의 사멸을 위한 프롤레타리아의 혁명적 실천을 무시하는 제2인터내셔널의 사회민주주의자에 대해 레닌은 노동대중이 착취자를 억압하기 위한 국가, 즉 지배계급으로 조직된 프롤레타리아와 노동대중 자신의 해방을 위해 사멸해갈 수밖에 없는 국가의 필요성을 역설한다.19)

---

18) 칼 마르크스·프리드리히 엥겔스, 『마르크스 엥겔스 저작선』, 김재기 옮김 (서울: 거름, 1988).
19) 레닌, 『국가와 혁명』, 김영철 옮김(서울: 논장, 1988); N. Harding, Lenin's *Political Thought: Theory and Practice in the Democratic Revolution*(London:

마르크스와 레닌에게 프롤레타리아 독재는 계급 없는 사회와 국가의 소멸로 이어지는 역사적 과정인 사회주의를 표상하는 개념이고, 공산주의의 이론적 실천적 관점에서 성립하는 것임은 이론의 여지가 없다.

마르크스와 레닌의 정식화에 따르면 프롤레타리아 독재의 시기는 아직은 인간의 불평등이 존재하는 사회로서 구(舊)사회의 잔재와 새로운 공산주의적 맹아가 투쟁하는 시기이다. 그렇기 때문에 국가와 비국가의 통일체인 프롤레타리아 국가의 계급지배가 여전히 관철되는 시기로 규정된다. 따라서 프롤레타리아 독재 시기에도 계급투쟁이 존재할 수밖에 없다는 것이 마르크스와 레닌의 주장이다.[20] 이러한 계급투쟁은 자본주의 체제에서의 국가와 사회의 분리, 정치와 경제의 분리를 극복하는 과정이다. 마르크스와 레닌에 따르면 사회주의 혁명 이후 필연적인 사회의 국가화 과정과 국가의 사회화 과정의 통일과 투쟁에서 국가의 소멸이 진척되는 것과 경제적 영역에서 생산수단의 사회화를 포함한 실질적 사회화가 진전되는 것이 사회주의 사회의 발전의 핵심적 요소이다. 즉 마르크스와 레닌을 응용한다면, 사회주의 사회에서 공적인 것은 국가가 위로부터 제공하는 것이 아니라 아래로부터의 자발성에 기초하여 형성되는 것이다. 사적 영역이 축소되지만, 그것은 아래

Macmillan, 1977); N. Harding, *Lenin's Political Thought: Theory and Practice in the Socialist Revolution*(London: Macmillan, 1981) 참조.

[20] 이 시각에 입각한 소련 연구로는 C. Bettlelheim, *Class Struggle in the USSR: 1917~1923*(New York: Monthly Review Press, 1976); *Class Struggle in the USSR: 1923~1930*(New York: Monthly Review Press, 1978) 참조.

로부터의 공공성에 의해 대체되는 것이라고 할 수 있다. 공과 사의 경계를 결정하는 힘은 근대사회와 같이 국가를 전제로 한 국가를 둘러싼 정치가 아니라 국가의 사멸을 준비하는 아래로부터의 정치가 되어야 한다는 것이다.

자본주의 생산양식 안에서 정치의 궁극적인 물질적 기초는 노동에 대한 자본의 이중지배이다. 한편으로는 생산수단의 소유형태에서의 지배이며, 다른 한편으로는 생산과정에 대한 실질적 통제형태에서의 지배이다.[21] 이러한 이중적 지배의 타파를 위한 최초의 조치는 대자본의 국유화를 통해 이루어진다. 국유화는 엥겔스에 따르면, 국가가 진정으로 사회 전체의 대표자로 등장하여 수행한 최초의 행동, 즉 사회의 이름으로 생산수단을 장악하는 것이고 동시에 국가가 독자적으로 수행한 최후의 행동이다.[22]

최초의 계기 이후 생산의 실질적 사회화 과정은 모순적 제(諸) 계기들이 중층적으로 결합된 불균등한 발전과정이다. 즉 현상적으로 다양한 소유형태가 존재할 수밖에 없다는 것이다. 이 과정은 직접 생산자의 생산조건의 근본적인 변화, 즉 직접 생산자가 생산과정을 규제하는 능력의 향상과 규율의 제고 및 생산력의 발전을 수반해야 한다. 또한 이 과정은 다양한 소유의 사회적 소유로의 전화과정이다. 이는 소유가 더 이상 권력의 원천이 아닌 사회로의 전화를 의미한다.

---

21) 브라이튼 노동과정 그룹, 「자본주의적 노동과정」, 고훈석 옮김, 『현대자본주의와 노동과정』(서울: 이성과현실사, 1986).

22) W. Brus, *The Economics and Politics of Socialism*(London: Routledge & Kegan, 1973); *Socialist Ownership and Political System*(London: Routledge & Kegan, 1973).

실질적 사회화 과정은 대중의 자유로운 선택을 보장하는 정치적 민주주의와 경제관리에서 대중의 민주적 참여를 보장하는 경제적 민주주의, 그리고 민주적 의사의 수렴과 결집에서 중추적 역할을 수행하는 조직체 없이는 수행될 수 없을 것이다. 이는 사회주의의 확대재생산 과정이 프롤레타리아 민주주의의 발전과 불가분의 관계에 있음을 의미하는 것이다. 즉 사회주의 이론가들은 인간사회의 모든 영역으로 민주주의를 확대함으로써 공적 영역을 형성하고 사적 영역을 제거하고자 했다.

그러나 현실 사회주의는 마르크스와 레닌의 기대를 배반했다. 러시아 혁명 직후 볼셰비키의 경제영역에서의 강령은 노동자 민주주의를 의미하는 노동자에 의한 통제와 기간산업의 국유화였다. 그러나 이 둘의 관계는 명확히 설정되지 않았고, 이것이 혁명 이후 경제적 혼란을 야기한 주요한 요인 가운데 하나였다. 이 두 노선을 통일하는 조직체가 최고경제위원회였다. 전시공산주의를 거치며 노동의 군사화가 이루어지면서 노동자에 의한 통제는 의미를 상실하기 시작했다. 국가에 의한 통제가 노동자에 의한 통제를 압도하기 시작한 것이다. 전시공산주의를 비정상 상태로 간주하고 사회주의 발전전략을 수정하려 한 것이 레닌의 신경제정책이었지만,[23] 결국 노동의 군사화를 기본으로 하는 중

---

23) 신경제정책에 대해서는, 中山弘正 編著, 『ネップ經濟の硏究』(東京: 御茶の水書房, 1980); 모리스 돕, 『소련경제사』, 임휘철 옮김(서울: 형성사, 1989), 6장 참조. 레닌의 경제발전노선과 스탈린의 경제발전노선을 둘러싼 논쟁은, 레닌 외, 『레닌의 반스딸린 투쟁』, 김진태 옮김(서울: 신평론, 1989). 스탈린의 노선은, プレオブラジェンスッキイ, 『新しい經濟』, 救仁鄕繁 譯(東京: 現代思潮社, 1976) 참조. 1956년 북한에서 벌어진 이른바 '8월 종파사건'도 경제발전노선을 둘러싼 권력투쟁이라는 점에서 1920~1930년

공업 중심의 발전전략인 스탈린주의 노선이 선택되면서 현실 사회주의에서 공적 영역은 국가에 의한 통제와 동일시되었다.

4. 북한의 공과 사

사적 영역의 형성은 '개인'의 탄생과 같은 의미일 수 있다. 1992년 북한에서 간행한 『조선말대사전』에 따르면, '개인'을 "개별적인 사람을 집단에 상대하여 이르는 말"로 정의하고 있다.[24] 이 정의에 부합하는 것이 소설 『1932년』에 나오는 다음과 같은 구절이다.

우리 개인은 비록 죽더라도 김일성동지께서 이끄시는 조선혁명은 계속 앞으로 나가야 한단말이요. 그 속에 우리들의 참된 삶의 보람이 있단 말이요.

위의 정의와 인용문에서 볼 수 있는 것처럼 북한에서 개인은 집단의 대립어로 제시되고 있고, 개인과 집단의 관계에서는 집단의 우위를 강조하고 있다. 사실 개인과 집단은 분리될 수 없다. 개인의 단순한 합이

대 소련에서 벌어진 논쟁의 복사판이었다. 간략한 언급으로는 기광서, 「북한의 국가와 유일체제의 수립」, 박재규 엮음, 『새로운 북한 읽기를 위하여』 (서울: 법문사, 2007) 참조.

24) 각 개념에 대한 정의는, 사회과학원 언어학연구소, 『조선말대사전』(평양: 사회과학출판사, 1992) 참조. 2007년에 『조선말대사전』의 증보판이 발간되었다.

집단이라고 정의하거나 집단이 개인과 질적으로 구분되는 정체성을 보유한다고 정의해도 개인과 집단은 서로를 필요로 한다.

집단을 우위에 두는 북한식 사회주의체제에서도 개인의 존재를 부정하지는 않는다. 예를 들어, 북한은 근로자들의 "개인적이며 소비적인 목적"을 위한 "개인소유"를 인정하고, 그 개인소유에 대한 상속권도 보장하고 있다. 그러나 북한에서는 개인소유를 "로동에 의한 사회주의 분배, 국가와 사회의 추가적 혜택"의 부산물로 해석한다. 즉 사회주의적 소유 내지는 집단적 소유의 연장으로 개인소유를 보는 것이다.[25]

북한에서 개인소유권의 담당자는 "개별적 공민"이다. 공민은 "일정한 나라의 국적을 가지고 그 나라 헌법에 규정된 권리와 의무를 지닌 사람"으로, 북한의 특수성이라기보다 보편적 의미를 지닌 주체로 규정된다. 즉 개인은 보편적 의미를 지니는 개별적 공민이다. 북한에서 개인의 존재를 부정하지는 않지만, 일반적인 자본주의 사회처럼 개인의 "사적(私的) 영역"을 인정하지 않는다.

예를 들어 북한에서 개인소유는 사적 소유가 아니다. 생산수단을 대상으로 하는 사적 소유는 북한에서 공식적으로 인정되지 않는다. 사적 소유를 인정할 때는 파생적으로 만들어지고 결국 사적 소유를 규율하게 되는 "사법(私法)"은 "낡은 사회에서" 개별적 공민들 사이의 계약관계, 재산관계, 신분관계를 규제하는 법으로 정의되고 있다. 즉 북한에

---

[25] 북한의 정의는, 사회과학원 법학연구소, 『민사법사전』(평양: 사회안전부 출판사, 1997) 참조. 개인소유에 대한 고전적 사회주의체제에서의 해석은, J. Kornai, *The Socialist System: The Political Economy of Communism* (Princeton: Princeton University Press, 1992) 참조.

서 사법은 "부르죠아법용어"이다. 개별적 공민은 인정하지만, 공과 사의 구분은 존재하지 않는다고 주장하는 것이다. 따라서 북한에서는 논리적으로 개별적 공민의 존재를 사적 영역의 존재와 등치할 수는 없다. 즉 북한은 자본주의 사회와는 공과 사의 구분이 다른 것처럼 보인다.

앞서 살펴본 것처럼, 사적 영역을 공적 영역이 흡수하는 사회주의 사회는 기독교적 형제애를 공적 영역으로 하고 영주와 농노의 관계를 사적 영역으로 설정했던 서양의 중세 사회 그리고 공적인 것을 사회에 존재하는 공동선 및 유기적 통치체(body politic)로 간주하고 사적인 것을 가족과 친구의 관계로 한정했던 서양의 근대 초기와 유사한 것처럼 보인다. 즉 북한에서 사적 영역의 출현은, 서양의 중세에서 근대로 넘어가는 이행기에 나타난 사적 영역의 출현과 비교될 수 있다.

우리는 공과 사의 개념을 사용할 때, 불가피하게 서구적 기준을 가질 수밖에 없는 연구의 한계를 보여준다. 서구적 의미에서 공과 사는 두 가지 방식으로 정의될 수 있다.[26] 첫째, 공적인 것이 국가의 업무를 뜻한다면 사적인 것은 국가로부터 벗어난 모든 것과 관련되는 것으로 정의하는 방식이다. 둘째, 서로 친분이 있는 익명의 집단적 사회성(sociality)으로부터 공적인 사회성이 부재한 익명의 사회로 이행이라는 시각에서 공과 사를 정의할 수 있다. 전자의 정의는 국가를 공적인 것으로 시장을 사적인 것으로 정의하려는 자유주의적 해석에 가깝다.

1990년대 이전까지 개혁의 경험이 거의 없이 고전적 사회주의체제를 유지하고 있던 북한의 사적 영역의 주된 구성부분은 가족이었다.

---

[26] 필립 아리에스, 『'사생활의 역사'를 위하여』, 필립 아리에스·조주 뒤비 책임 엮음, 『사생활의 역사 I』(서울: 새물결, 2000).

그러나 가족마저 집단주의라는 국가적 규율의 제도화된 틀 안에서 제한적으로 존재해왔고, 부분적으로는 공적 영역에 통합된 상태로 존재해왔다. 이와 대조적으로 1990년대 중반에 '고난의 행군'이라는 대규모 아사사태에 직면하여 가족의 생존을 위해 자구적인 차원에서 촉발된 '장마당'의 활성화로 표상되는 아래로부터의 '자생적 시장화'가 분산적으로 전개되어왔다.27)

또 이 과정에서 국가주의에 의해 주민들을 결속시키고 사회적 통합을 유지해왔던 공적 영역에 심각한 균열이 발생하고, 이 균열이 공적 영역과 사적 영역의 경계 재조정 압력을 가중시켰고, 사적 영역의 질적 변화와 구성부분들을 재구성하는 계기로 작용했다. 국가의 재분배정책에 의한 주민 최저생계의 보장이라는 물적 토대에 근거하여 사적 영역 자체를 형해화(形骸化)시킬 정도로 강력하게 작동해왔던 공적 영역은 그 물적 토대의 와해로 인해 불가피하게 사적 영역의 확대를 용인할 수밖에 없었다. 한 탈북자의 증언이다.

2000년대에 들어와서 새 경제 도입하던 전 시기에는 북한 주민 99%가 종전에 당이 제시하는 정책집행에서 그대로 했다가는 죽는 길밖에 없다는 것을 인식을 했고, 그러니 이제는 사람들의 머리가 물질 위주가 되고 둘째가 정치지, 정치에 따라서는 안 된다. 그래서 그 시기부터 자본주의적인 장사를 하는 방법으로 살아가려고 했다(PS-2).28)

---

27) 최봉대·구갑우, 「북한의 도시 '장마당' 활성화의 동학」, 최완규 엮음, 『북한 도시의 위기와 변화』(파주: 한울, 2006). 장마당의 역사에 대해서는, 구갑우·최봉대, 「'농민시장' 형성: 1950~1980년대」, 최완규 엮음, 『북한 도시의 형성과 발전: 청진, 신의주, 혜산』(파주: 한울, 2004) 참조.

7·1 경제관리개선조치 이전에 이 변화를 반영하여 이른바 '실리주의'가 논의되기도 했다.29)

실리주의가 나온 것은 2000년 4월부터 중앙에서 하부말단까지 지시로 내려와서, 방식 내용을 기밀문건을 받아가지고 보면, 2000년 4월 정도에 경제관리에서 실리주의 원칙을 앞세우면서, 실리주의라는 것은 국가에 손해를 주지 않고 기업소가 독자적으로 자체로 살아나갈 수 있는 것을 말하고, 결국은 국가에 손을 내밀지 말라는 것이고, 국가는 또 하부말단을 경제적으로, 물적 지원을 해주고, 대안의 사업체계대로 위가 아래를 도와주는 방법이 이제는 안 되기 때문에 아래가 자체로 살아가

---

28) 표시한 분류번호와 이후 같은 양식의 번호는 본 연구과제 면접조사자료의 분류기호이다. 면접 전체 목록은 책의 부록으로 제시한다.
29) 이른바 '실리사회주의'에 대해서는, 정영철,『북한의 개혁개방: 이중전략과 실리사회주의』(서울: 선인, 2004); 김창희,「김정일 시대 북한의 체제유지와 실리사회주의」, ≪북한연구학회보≫, 9권 2호(2005); 김근식,「김정일 시대 북한의 신발전전략: 실리사회주의를 중심으로」, ≪국제정치논총≫, 43권 4호(2003) 등을 참조. 연구자들이 실리주의 또는 실리사회주의의 출현과 관련하여 인용하는 글 가운데 하나가, 김정일, "강성대국건설의 요구에 맞게 사회주의경제관리를 개선강화할데 대하여(2001. 10.)," http://nk.chosun.com이다. 그러나 이 문건은 2000년부터 2004년까지 김정일의 글을 모은 조선로동당출판사,『김정일 선집 15』(평양: 조선로동당출판사, 2005)에 실려 있지 않다. 재일 조선인 학자 강일천의「최근 우리나라에서 실시된 경제적 조치에 대한 잠정적 해석(1): 전반적 가격과 생활비의 개정조치를 중심으로」, ≪KDI 북한경제리뷰≫, 10월호(2002)에서 이 글을 언급한 것을 볼 때, 글이 실재한다고 볼 수도 있다. 북한의 내각 기관지인 ≪민주조선≫, 2001년 11월 22일자, "사회주의경제관리를 개선 완성해나가는데서 틀어쥐고 나가야 할 종자"에도 이 글의 일부가 언급되고 있다.

라는 의미에서 실리주의라고 한 것이다. 거기에서 보면 독자적으로 독립채산제의 원칙에 맞게 살아갈 수 없는 공장 기업소는 폐기하고 국가에 손해를 주는 단위는 기구체계를 다 개편할 데 대한 지시가 내려왔다. 이때부터 당의 영도가 약화되기 시작했다고 봐야 한다(PS-2).

2002년의 7·1 경제관리개선조치는 '제한적 시장화'를 허용함으로써 새롭게 형성되고 있는 사적 영역을 공식적으로 추인한 계기가 되었다. 이 조치는 사적 영역의 성장에 의한 공적 영역의 침식을 저지하고, 공적 영역과 사적 영역의 관계를 제도적 수준에서 재조정하기 위한 국가적 기획의 일단이었다.30) 이 조치는 시장화에 의해 추동되는 사적 영역의 형성을 국가가 불가피하게 승인하고 수용하게 되었다는 데에 그 중요성이 있다. 즉 1990년대 후반에 북한에서는 비록 유치한 수준에 머물러 있기는 하지만 시장화를 매개로 한 사적 영역이 형성되었고, 어떤 식으로든 공적 영역과 제도화된 수준에서 관계를 설정할 수밖에 없게 되었다는 점에 주목할 필요가 있다.

---

30) 그러나 다른 한편 이 조치는 국가의 책임 회피로 해석되기도 했다. "새경제의 기본 첫째 문제는 국가 수준 자금유통이 안 되니깐 지역단위로, 자체적으로 살아나가라는 것이고, 국가는 무거운 부담에서 벗어나려는, 책임을 회피하려는 이런 목적이 있고, 둘째는 백성들의 원성이 당이나 국가에 자꾸 집중되어 당의 신뢰를 떨어뜨리고 국가에 대한 인식이 나빠지는 것을 막기 위한 목적이 있어서 이제는 지역단위에 책임을 넘기기 위한 목적으로 시작된 것이다"(PS-2). 7·1 경제관리개선조치와 시장경제의 확산 그리고 경제관리 체제에 대해서는, 최봉대·구갑우, 「북한의 도시 농민시장의 진화와 사적 경제영역의 형성」, 최완규 엮음, 『북한 '도시정치'의 발전과 체제 변화』(파주: 한울, 2007) 참조. 위 논문에는 7·1 경제관리개선조치와 관련된 국내외의 연구성과가 정리되어 있다.

북한에서 1990년대 중반 "고난의 행군"을 계기로 시장이 재활성화되고 있는 현실은, 기존 공적 영역의 축소 및 사적 영역의 확대를 "추측"할 수 있게 하는 주요한 계기이다. 하이에크적(Hayekian) 시각에서 "발견의 절차"로 정의될 수 있는 시장31)은, 북한 사회주의체제의 전환의 맹아가 될 수 있다. 즉 새로운 "물질문명"의 등장은 새로운 "사회관계"의 형성을 초래할 수 있는 중요한(critical) 변화라는 것이다. 이 변화는 북한에서의 "집단적이고 공동체적인 사회성" — 예를 들어 조선노동당, 조선직업총동맹, 조선농업근로자동맹, 조선민주여성동맹 등의 조직에서의 강연회, 강습회, 생활총화 등등 — 이 새로운 물질문명의 등장을 계기로 약화되고 있다는 추측을 가능하게 한다.

도시 시장을 매개로 한 공적인 사회성의 약화는 "집단심성"의 변화를 초래할 수 있다. 프랑스의 아날학파(Annales School)가 주장하는 것처럼, 집단심성의 역사는 정치사·경제사·문화사 등등의 변화와 달리 아주 느리게 변하는 경향이 있다. 특히 북한의 "주체사상"은 "반미주의"와 결합되어 북한 주민의 집단심성을 지배하는 이데올로기로 기능했고 현재도 기능하고 있기 때문에, 사적 영역의 확산에 장애물이 될 수밖에 없을 것이다. 따라서 도시 시장의 확산으로부터 사적 영역을 직접 도출하기 어려울 수 있다.

도시 시장의 확산이 국가적 수준에서의 집단심성의 변화를 야기하지 않을 수 있지만, 도시 시장의 확산은 부(富)의 재편 및 집중을 야기하고 있다. 따라서 부를 추구하거나 또는 새롭게 부를 축적한 계층은

---

31) 프리드리히 하이에크(Friedrich August von Hayek), 『개인주의와 경제질서』, 박상수 옮김(서울: 자유기업센터, 1998).

자신들의 부의 유지 및 향유를 위하여 "사생활"을 추구할 가능성이 높은 것도 사실이다. 다음과 같은 발언에 주목할 필요가 있다.

나도 2003년에 와서는 이제는 돈이 활개를 치고, 판을 치는 자본주의 시대가 왔구나라는 생각을 했다. 나뿐만 아니라 중앙당 위원, 내각 위원 다 이제는 그 생각을 한다. 내가 이 시기에 돈을 못 벌면 앞으로 루마니아 사태나 동독과 같은 사태가 벌어진다면 그 자리를 뜬 다음에는 어떻게 하겠는가, 이 문제가 골칫거리다(PS-2).

이 새로운 계층의 사생활은, 개인과 집단의 관계에서 집단과 유리된 개인의 독립성을 추구하게 할 것이고 따라서 개인적 존재에 몰두하게 되는 "인간적 자아"의 출현으로 이어질 수 있다.

북한 주민의 '가격'에 대한 인식도 집단심성의 변화를 보여주는 지표일 수 있다.

국가가격과 시장가격의 이중이었다. 새경제 이후 가격이 흰쌀 40원, 강냉이 22원, 강냉이쌀 25원, 감자 2원, 이것이 양곡가격이고, 시장가격은 흰쌀이 지금 현재 가격이 1,200원, 강냉이 600원, 강냉이쌀 800원, 감자 100원. 국가가격으로 살아가는 사람들은 한 달에 1,000원, 시장가격으로 살아가는 사람들은 한 달에 최소 5,000원 이상이 필요했다(PS-2).

가격과 이윤을 결정하는 방식에 대한 언급도 있다.

천이 열 퉁구리가 있다. 우리가 총 1톤인데, 열 퉁구리다. 하나는 소파 천이고 하나는 또 여름 천이고, 하나는 속 내천이다. 이러면 1미터씩 다 자른다. 1미터씩 다 잘라서 저울에 떠보는 거다. g수로, g수로 뜨면 거기에 천 퉁구리마다 키로 수가 나와 있다. 이 천은 1미터가 1키로다. 그러면 이 천 가격을 때리는 거다. 딱 1미터만 잘라서 무게 측정을 한다. 돈을 때리는 거다. 내가 팔아야 될 이윤까지 태우는 거다(PS-28).

북한에서 사적 영역의 출현을 예시하는 자료들이 있기는 하지만, 그것을 증명하기 위해서는 사적 영역을 측정하기 위한 지표를 설정해야 한다. 사적인 것 또는 사생활이 시공간을 관통하면서 가지는 의미는, "외부로부터의 침범이 배제된 영역"이라는 것이다. 이 외부는 북한의 맥락에서 "국가" 또는 "국가에 의해 조직된 집단"일 것이다. 따라서 사적 영역이 출현하기 위해서는 도시 시장과 같은 자생적 질서와 더불어 개인에 대한 국가의 통제가 약화되거나 또는 국가의 통제를 피할 수 있는 "공간"이 형성되어야 한다. 즉 사적 영역은 "공간의 정치"를 통해 생산된다. 이 공간은 공개적이지만 기존 도시공간의 재정의를 통해 특별한 장소로 출현할 수 있다. 도시 시장이 대표적 사례 가운데 하나다.

또한 공개적이지 않은 "은밀한 공간"도 사적 영역의 형성에 기여할 수 있다. 북한 주민들의 소통을 위한 공적 공간 가운데 하나가 도서관이었다.

(도서관에서는) 자기들 예산을 가지고 근로자 학습을 조직한다. 도서관에서 공고를 내붙인다. 다음날 무슨 제목을 가지고 문학창작의 수법,

글쓰기 방법이라든가, 컴퓨터 발전 추세와 미래, 이런 제목을 가지고 아무개 대학의 무슨 선생이 강의를 한다고 공고를 내붙인다. 그래서 정기적으로 진행되기도 하고 또 어떨 때는 비정기적으로 진행되기도 하고, 그 강의에 출연을 한다고 해서 따로 보수가 있는 것은 아니고 사람의 명예문제이다(PS-10).

이 도서관에서 모임이 끝난 후, 사람들은 사적 공간으로 이동했다. 자기 돈으로 국수를 사먹을 수 있는 '신흥관'이나 도서관의 공개홀이나 '집'에서 세계문학에 대해 이야기할 수도 있었다고 한다. 특히 우리가 주목하는 것이 집이라는 공간이다. 7·1 경제관리개선조치를 전후로 하여 돈을 번 사람들이 자신들의 집을 짓거나 확장하기 시작했다는 증언이 많이 나오고 있다(PS-26). 그 집은 국가의 승인을 받고 건설되는 것으로 국가 소유이면서 거래가 되는 상품이었다.

집이라는 은밀한 공간은 사적 교환관계를 매개하는 장소이면서 동시에 "불법적인 여가" — 예를 들어 자본주의 사회의 책, TV, 비디오 등등을 보는 행위 — 를 향유할 수 있는 장소가 될 수 있다. 특히 북한에서 장마당을 통해 유통되는 남한의 드라마나 영화를 보기 위해서는 은밀한 공간이 필요했을 것이다. 은밀한 공간은 기존 건축물 또는 새로운 건축물 내부에 만들어질 가능성이 높다. 새로 집을 지을 경우, 많은 탈북자들을 통해 지하를 팠다는 증언이 나오고 있다. 즉, 방 둘 부엌 하나로 이루어져 사생활이 보장되지 않았던 북한 주택의 변화가 도시시장을 매개로 발생하고 있다고 추론해볼 수 있다.

공개적 공간과 은밀한 공간을 매개로 또한 새로운 공간을 창출하기도 하는, 기존의 집단적 관계망을 벗어난 사적 관계망이 형성될 때,

비로소 사적 영역을 위한 조건들이 구축되게 된다. 이 사적 관계망은, 도시 시장을 매개로 한 사회적 관계와 더불어 기존의 집단생활이 아닌 새로운 친구관계의 성격을 가질 수 있을 것이다. 정치가 시장에 반응하는 것으로 보아 북한에서 공과 사의 경계를 재설정하게 하는 힘은, 정치가 아니라 '시장'인 것처럼 보인다.

5. 결론에 대신하여

고전적 사회주의체제를 유지하고 있던 북한에서는 자생적 질서로서 도시 농민 시장이 발전하면서 공과 사의 경계가 변하고 있다. 북한도 농민 시장을 매개로 형성되고 있는 사적 영역을 합법화하려는 시도를 하고 있다. 7·1 경제관리개선조치도 그 사례 가운데 하나다. 그런데도 북한은 가능하면 사적 영역의 확산을 막으려 하고 있다. 사적 영역의 확산이 북한식 사회주의체제의 붕괴를 촉발하는 요소가 될 수도 있기 때문이다.

북한의 경우 농민 시장의 확산으로 인한 화폐와 상품의 증가가 자본의 전환으로 연결되고 있는지를 파악하는 것이 중요하다. 자본은 단순한 화폐의 집적이 아니라 사회관계라는 점을 고려해야 한다. 즉 북한에서 투자결정의 사유화를 포함한 자본의 시초축적이 진행되면서 동시에 노동력의 상품화가 이루어지고 있다는 지표를 발견할 수 있다면 북한이 자본주의적 사회구성으로 이행하고 있다고 주장할 수 있을 것이다. 사적 영역은 이 이행을 매개하는 심층에 놓여 있는 공간이자 이행의 동력이 될 것이다.

참고문헌

1. 국내문헌

강일천. 2002. 「최근 우리나라에서 실시된 경제적 조치에 대한 잠정적 해석 (1): 전반적 가격과 생활비의 개정조치를 중심으로」. ≪KDI 북한경제리뷰≫, 10월호.

구갑우. 2007. 『유럽통합의 정치와 신자유주의적 통신정책: 1980년대와 1990년대를 중심으로』. 서울: 한국학술정보.

구갑우·최봉대. 2004. 「'농민시장' 형성: 1950~1980년대」. 최완규 엮음. 『북한 도시의 형성과 발전: 청진, 신의주, 혜산』. 파주: 한울.

기광서. 2007. 「북한의 국가와 유일체제의 수립」. 박재규 편. 『새로운 북한 읽기를 위하여』. 서울: 법문사.

김근식. 2003. 「김정일 시대 북한의 신발전전략: 실리사회주의를 중심으로」, ≪국제정치논총≫, 43권 4호.

김창희. 2005. 「김정일 시대 북한의 체제유지와 실리사회주의」, ≪북한연구학회보≫, 9권 2호.

돕, 모리스(M. Dobb). 1989. 『소련경제사』. 임휘철 옮김. 서울: 형성사.

레닌(V. Lenin). 1988. 『국가와 혁명』. 김영철 옮김. 서울: 논장.

_____. 1989. 『레닌의 반스딸린 투쟁』. 김진태 옮김. 서울: 신평론.

마르크스(K. Marx). 1987. 『프랑스 혁명사 3부작』. 허교진 옮김. 서울: 소나무.

마르크스·엥겔스(K. Marx and F. Engels). 1988. 『마르크스 엥겔스 저작선』. 김재기 옮김. 서울: 거름.

베델하임·스위지(C. Bettelheim and P. Sweezy). 1988. 『사회주의 이행논

쟁』. 박성규 옮김. 서울: 들녘.
브라이튼 노동과정 그룹. 1986. 「자본주의적 노동과정」. 고훈석 옮김. 『현대자본주의와 노동과정』. 서울: 이성과 현실사.
정영철. 2004. 『북한의 개혁개방: 이중전략과 실리사회주의』. 서울: 선인.
최봉대·구갑우. 2006. 「북한의 도시 '장마당' 활성화의 동학」. 최완규 엮음. 『북한 도시의 위기와 변화』. 파주: 한울.
_____. 2007. 「북한의 도시 농민시장의 진화와 사적 경제영역의 형성」. 최완규 엮음. 『북한 '도시정치'의 발전과 체제 변화』. 파주: 한울.
프리드리히 하이에크(Friedrich August von Hayek). 1998. 『개인주의와 경제질서』. 박상수 옮김. 서울: 자유기업센터.
필립 아리에스. 2000. 『'사생활의 역사'를 위하여』. 필립 아리에스·조주 뒤비 책임 편집. 『사생활의 역사 I』. 서울: 새물결.
하비, 데이비드(David Harvey). 1994. 『포스트모더니티의 조건』. 구동회·박영민 옮김. 서울: 한울.
하스, 조나단 (J. Haas). 1989. 『원시국가의 진화』. 최몽룡 옮김. 서울: 민음사.

2. 북한문헌

사회과학원 언어학연구소. 1992. 『조선말대사전』. 평양: 사회과학출판사.
사회과학원 법학연구소. 1997. 『민사법사전』. 평양: 사회안전부출판사.
조선로동당출판사. 2005. 『김정일 선집 15』. 평양: 조선로동당출판사.

3. 일본문헌

中山弘正 編著. 1980. 『ネップ經濟の硏究』. 東京: 御茶の水書房.
プレオブラジェンスッキイ. 1976. 『新しい經濟』. 救仁郷繁 譯. 東京: 現代思潮社.

4. 서양문헌

Anderson, B. 1983. *Imagined Communities*. London: Verso.

Arendt, H. 1958. *The Human Conditio*. Chicago: Chicago University Press.

Balibar, E. 1991. "The Nation Form." in E. Balibar and I. Wallerstein. *Race, Nation, Class*. London: Verso.

Bettlelheim, C. 1976. *Class Struggle in the USSR: 1917~1923*. New York: Monthly Review Press.

_____. 1978. *Class Struggle in the USSR: 1923~1930*. New York: Monthly Review Press.

Brus, W. 1973. *The Economics and Politics of Socialism*. London: Routledge & Kegan.

_____. 1973. *Socialist Ownership and Political System*. London: Routledge & Kegan.

Caporaso, J. and D. Levine. 1992. *Theories of Political Economy*. Cambridge: Cambridge University Press.

Deuleuze, G. and F. Guattari. 1983. *Anti-Oedipus*. Minneapolis: University of Minnesota Press.

Engels. F. 1990. *The Origin of the Family, Private Property and the State*. Moscow: Progress Publishers.

Habermas, J. 1989. *The Structural Transformation of the Public Sphere*. Cambridge: Polity.

Hall, J. and G. Ikenbery, 1989. *The State*. Milton Keynes: Open University Press.

Harding, N. 1977. *Lenin's Political Thought: Theory and Practice in the Democratic Revolution*. London: Macmillan.

_____. 1981. *Lenin's Political Thought: Theory and Practice in the*

Socialist Revolution. London: Macmillan.

Kapteyn, P. 1996. *The Stateless Market: The European Dilemma of Integration and Civilization*. London: Routledge.

Kornai, J. 1992. *The Socialist System: The Political Economy of Communism*. Princeton: Princeton University Press.

Jessop, B. 1989. "Capitalism, Nation-State and Surveillance." in D. Held and J. Thompson(eds.). *Social Theory of Modern Societies: Anthony Giddens and His Critics*. Cambridge: Cambridge University Press.

Polanyi, K. 1944. *The Great Transformation: The Political and Economic Origins of Our Time*. New York: Farrar.

Sennet, R. 1977. *The Fall of Public Man*. Boston: Faber and Faber.

Webster, F. 1995. *Theories of the Information Society*. London: Routledge.

Weintraub, J. 1997. "The Theory and Politics of the Public/Private Distinction." in J. Weintraub and K. Kumar(eds.). *Public and Private in Thought and Practice*. Chicago: The University of Chicago Press.

Wright, E. 1989. "Models of Historical Trajectory: An Assessment of Giddens's Critique of Marxism." *Social Theory of Modern Societies: Anthony Giddens and His Critics*. Cambridge: Cambridge University Press.

5. 비학술지, 웹자료

≪민주조선≫, 2001. "사회주의경제관리를 개선완성해 나가는데서 틀어쥐고 나가야 할 종자." 2001. 11. 22.

김정일. 2001. "강성대국건설의 요구에 맞게 사회주의경제관리를 개선강화할데 대하여." http://nk.chosun.com. 2001. 10.

제2장

북한 도시 사적 부문의 시장화와 도시가구의 경제적 계층분화[*]
개별가구의 비공식적인 연결망자원의 계층화 매개효과 분석을 중심으로

| 최봉대 |

1. 머리말

일반적으로 국가공급체계에 의해 주민소비생활이 보장되어온 사회주의 사회에서 비공식적인 시장관계의 발전은 기존의 정치적 신분 불평등체계(이하 '정치적 신분체계'로 약칭)와는 다르게 주민들의 경제적 계층분화를 초래하고, 시장에 연계된 새로운 불평등체계를 형성하는 경향이 있다. 중국의 시장경제개혁에 따른 사회적 불평등체계의 질적 변화를 강조하는 '시장이행가설'에서 강조하는 것처럼 사회경제적 불평등체계는 개인적으로 축적한 '경제적 부'에 기반을 두고 사회 내에 새로운 지배관계의 형성을 촉진시킬 수도 있다.[1]

---

* 이 글은 필자의 「계층구조와 주민의식 변화」, 『1990년대 이후 북한사회 변화』(서울: 한국방송공사, 2005)을 수정·보완한 것임.

이 글에서는 1990년대 경제위기를 겪으면서 국가공급체계에 의존하는 대신에 사적 부문의 비공식적인 시장관계에 참가함으로써 개인이나 가족의 생계를 유지하거나, 경우에 따라 어느 정도 여유 있는 소비생활을 누릴 수 있게 된 북한 도시주민의 경제적 계층분화가 북한 체제이행에서 어떤 의미를 지닐 수 있는지를 살펴볼 것이다. 북한의 사적 부문의 시장화에 관해서는 많은 논의가 이루어지고 있다. 그렇지만 도시주민의 경제적 계층분화와 연계하여 사적 부문 시장화의 이행론적 의의를 구체적인 경험적 분석에 의거해서 규명하려는 연구는 아직까지 거의 없는 것 같다.[2]

북한당국은 2000년대 초에 전국 시·군에 소비재 시장의 설치를 합법적으로 허용했다. 이에 따라 비공식적인 시장활동영역의 일부가 '합법적 사경제' 영역으로 재편되었다. 그렇지만 아직까지도 북한에서 합법적 사경제영역은 국가가 공식부문(국가부문)이 아닌 비공식부문(비국가부문)의 일부를 승인해준 형태로만 존재한다. 이 글에서는 북한의 합

---

1) 이행기 사회주의체제하 시장경제개혁에 따른 사회적 불평등 생성기제의 변화와 사적 시장 활동에 기반을 둔 '기업가'의 사회적 상승이동문제를 '시장이행가설'로 제시하고 있는 Victor Nee and Yang Cao, "Postsocialist Inequalities: The Causes of Continuity and Discontinuity" in Kevin T. Leicht (ed.), *The Future of Market Transition*(Amsterdam: JAI, 2002) 참조.
2) 면접조사 등에 기초해서 1990년대 북한의 경제위기 국면에서 사적 부문 시장화의 진척과 맞물려 진행되어온 기존 사회적 불평등체계의 재생산위기를 파악하고자 한 연구로는 김병로·김성철, 『북한사회의 불평등 구조와 정치사회적 함의』(서울: 민족통일연구원, 1998); 서재진, 『북한사회의 계급갈등 연구』(서울: 민족통일연구원, 1996); 정우권, 「1990년대 북한 주민 생활보장제도와 도시 계층구조 재편」, ≪현대북한연구≫, 7권 2호(2004년) 등이 있다.

법적 사경제영역도 포함하는 비공식부문(불법적이거나 비합법적인 부문도 포함)을 사적 부문으로 간주하고서, 사적 부문의 경제활동과 연계된 도시가구들의 경제적 계층분화가 정치적 신분체계에 기반을 둔 지배질서의 재생산과 어떤 식으로 연결되어 있는지 살펴볼 것이다. 북한 도시주민의 경제적 계층 분화를 촉진하는 사적 부문의 시장화가 기존의 정치적 지배질서를 침식하는지, 아니면 사적 부문의 시장화와 기존 지배질서 사이에 어떤 다른 성격의 관계가 성립하는지에 따라 경제적 계층분화의 체제이행론적 함의가 달라질 것이다.

이 글에서는 개별가구가 보유하는 '비공식적인 사회적 연결망'(이하에서 '비공식적 연결망'으로 약칭)자원이 사적 부문의 시장화를 매개로 진행되는 경제적 계층분화에 어떻게 작용하는지를 검토함으로써 이 문제를 살펴볼 것이다. 구체적으로는 탈북자 심층면접조사를 통해 수집한 자료의 분석에 기초해서 이 문제를 규명할 것이다.

2. 이행기 경제적 계층범주 설정과 비공식적 연결망의 정의

이 글에서는 한 가구의 생계유지의 주된 책임자(가구주)의 경제적 계층위치가 해당 가구의 계층적 위치를 대표하는 것으로 간주하여 북한 도시주민의 계층적 분화추세를 살펴볼 것이다. 이때 제기되는 문제는 1990년대 후반 이후 북한의 경제적 계층범주를 어떻게 설정하는 것이 유의미한가라는 점이다. 식량을 비롯한 기초생필품의 국가공급체계가 붕괴되고, 대다수 주민이 생계를 위해 시장에 참여할 수밖에 없는 북한 상황을 볼 때, 도시가구의 경제적 계층들 간의 경계를 설정하는 작업은, 자본주의 사회에서 가구주의 수입, 보유재산, 학력 등 상호연계된 경험적 지시자들의 총합적 경계 설정에 의해 계층적 위치를 설정하는 것과 다를 수밖에 없다.

이 작업을 위해 실시한 탈북자 면접조사 결과에 의하면 북한 주민들은 시장화에 따른 계층적 분화실태를 대체로 상·중·하층이라는 범주 속에서 파악하고 있다.3) 여기서 계층범주의 상하방 경계 자체는 특정 사회의 사회경제적 여건에 따라 상대적일 수밖에 없다. 따라서 가구 가처분소득이 매우 낮을 뿐만 아니라 자가소비용 식량 확보가 다수 가구들의 사활적 문제로 제기되고 있는 북한 사회에서 계층구분의 일차적 기준은 자가소비식량의 안정적 확보 정도에 있다고 봐도 무방하다.4) 더구나 사적 부문의 비공식적 '부업'을 통해 얻는 가구수입을 구

---

3) 좀 더 엄밀하게는 극빈층('최하바닥'), 하·중·상층, 최상층('극상층')이라는 다섯 개 범주로 나눈다고 할 수 있다. 극빈층은 하층의 최저생계유지 수준에도 못 미치는 집단이라고 할 수 있다. 반대로 극상층은 세련된 고급소비생활을 향유하는 집단이라고 볼 수 있다. 각각의 경제적 계층의 구성비율에 관한 피면접자들의 주관적 평가와 관련해서는 최봉대, 「계층구조와 주민의식 변화」, 『1990년대 이후 북한사회 변화』(서울: 한국방송공사, 2005), 174쪽 참조.

4) 일반적으로 개별가구의 수입 규모에 따라 식량, 여타 소비재 구득능력이 결정된다고 할 때, 소비지출 가운데 식량구입비의 상대적 비중은 개별가구의 계층적 위치를 판별하는 중요한 지시자로 활용될 수 있다고 보고서, 시장경제 이행 국면에서 다수가 생계유지에 급급한 빈곤층으로 전락하게 된 불가리아 도시 가구들의 계층적 구분에 이런 기준을 적용한 조사 연구로는 A. Atanassov et al., "Socially Vulnerable Groups During the Transition to a Market Economy" in J. Coenen-Huther(ed.), *Bulgaria at the crossroads* (Commack, NY: Nova Science Publishers, 1996) 참조.

체적으로 파악하기가 곤란하고, 개인재산의 은폐가 당연시되는 풍토를 고려할 때 가시적으로 드러나는 소비생활 실태를 계층 구분의 일차적 기준으로 삼는 것이 타당하기도 하다.5)

자가소비식량의 보유량을 기준으로 할 경우, 지역적인 편차가 있기는 하지만, 대체로 예비식량의 여유가 거의 없는 가구를 하층, 최소한 며칠분 이상의 예비식량을 확보하고 있거나, 시장에서 구입할 수 있는 금전적 여유가 있는 가구를 중간층, 자가 식량 구득문제가 전혀 문제가 되지 않는 가구를 상층으로 구분할 수 있다. 이와 더불어 '중기'(내구성 가전제품)의 보유품목 수와 종류도 하층과 중간층을 구분하는 기준이 될 수 있다.6) 또 중간층과 상층을 가르는 중요한 차이는 외화(주로 달러

---

5) 원래 북한을 비롯한 사회주의 사회에서 개인재산은 '개인소유의 대상'으로서 개인의 '소득과 저축, 개인주택, 가정용 비품과 소비자료 등 개인 소비적 수요를 충족시키기 위한 물질적 조건들'을 의미한다. Katherine Verdery, "The Property Regime of Socialism," *Conservation and Society*, Vol. 2, No. 1(2004), p. 192. 그러나 현재 북한에서 국가로부터 사용권만 위임받은 주택의 '판매가격'이 형성되고 시세에 따라 비공식적으로 거래되고 있는 것이나, 개인이 국가기관에 임대료를 지급하고, 자기 돈을 투자하여 국영식당을 운영하는 것이나, 또는 개인이 자비로 어선을 구입하여 기업소 명의로 등록한 뒤에 고기잡이를 하면서 기업소에 일정액을 납부하는 사례에서 알 수 있듯이 특히 중소규모 생산수단용 재산 같은 것은, 단지 개인재산이라는 용어에 의해 애매모호하게 가려져 있어서 그렇지, 사유재산권 관념이 일상생활 속에서 상당히 확산되어 있다고 볼 수 있다. 이 글에서 사적 부문의 시장화나 경제적 계층분화와 관련하여 사용하는 '개인재산'이라는 용어도 실제로는 이런 맥락 속에 있는 사유재산을 뜻한다.
6) 특히 텔레비전이나 냉장고와 같은 가전제품이 중국산인지, 일제 중고인지의 여부(그리고 텔레비전의 경우 '흑색' 텔레비전인지 '색' 텔레비전인지의 여부) 등도 하층과 중간층을 가르는 기준이 된다. '중기'에 속하지는 않

화)의 보유 여부다.7) 중간층가구 중에도 개인사업용 '밑천'이나 비상용 예비자금으로 몇 백 달러 내지 몇 천 달러 정도를 보유하고 있는 경우가 있지만, 사적 부문의 가구 수입활동이 기본적으로 달러로 이루어지는 경우 대체로 상층가구에 속한다. 이와 같이 하층과 중간층을 가르는 주된 경계는 자가보유식량의 예비 정도에 있다. 반면에 중간층과 상층을 가르는 주된 경계는 가구 소비생활과 '개인재산'의 보유·증식이 내화경제권에 주된 기반을 두고 있는지, 또는 외화경제권 안에서 일상적으로 이루어지는지의 여부에 있다고 하겠다.8) 아래에서는 이런 구분을 토대로 선별한 경제적 계층 가구들의 사례를 검토할 것이다.

'시장이행가설'이나 이와 대립되는 '지배엘리트 연속성 가설'에서 쟁점으로 제기되고 있는 것처럼, 탈사회주의 이행기 사회에서는 경험적으로 볼 때 노멘클라투라라고 통칭되는 지배엘리트에 의한 '정치권력의 경제적 자본으로의 전환' 과정이 진행되는 경향이 있다.9) 이때

지만 국산 자전거를 보유하고 있는지, 일제 중고 자전거를 보유하고 있는지도 한 가구의 계층적 위치를 드러내는 가시적인 단서가 될 수 있다.
7) 하층과 중간층의 차이가 집안 장판을 중국산 '레자'비닐로 하는지의 여부와 관계되듯이, 때론 '전실'(거실)에 수입산 카펫을 깔고 생활하는지 여부에 따라 중간층과 상층 가구를 구별할 수 있다.
8) '고난의 행군'에 들어간 뒤 얼마 지나지 않아서 평양의 일반주민들은 비록 내화로 시장에서 상품을 구입하는 경우에도 그 가격을 '자연스럽게' 달러로 환산해서 매기기 시작했다. 이는 설령 국가부문의 공식 직장을 통해 생활비를 지급받는다고 할지라도 대다수 가구들에게 그것은 무의미한 것이었고, 사적 부문의 '부업'활동이나, 공적 직위의 권한을 사용한 뇌물수수나 또는 친구, 친인척 등의 외부의 '방조' 등이 없이는 가족의 생계유지가 사실상 불가능하다는 것을 뜻한다.
9) '지배엘리트 연속성 가설'이나 '정치적 자본주의' 가설과 관련해서는

제2장 북한 도시 사적 부문의 시장화와 도시가구의 경제적 계층분화   47

시장화에 연계된 경제적 계층분화는 불가피하게 '시장경제 외적' 요인이나 제도에 의해 영향을 받기도 한다. 이 글에서는 이런 '시장경제 외적' 요인 중 개별가구가 동원할 수 있는 비공식적 연결망자원이 북한 도시주민의 계층분화와 어떤 관련이 있는지 검토할 것이다.

이 작업에서는 비공식적 연결망자원을 혈연적 연결망자원과 비혈연적 연결망자원으로 구분한다. 혈연적 연결망자원은 개인적 이익실현을 위해 가족 구성원이나 친인척의 직업지위에 수반되는 권한과 같이, 한 개인이나 가족이 사적으로 동원하거나 의존할 수 있는 권력자원을 의미하는 걸로 한정한다. 비혈연적 연결망자원은 개인이 물질적·비물질적 편익의 제공이나 학연, 지연 등과 같은 귀속적 요인에 의해 구성되는 친족외적 안면관계라고 할 수 있고, 개인이나 가족의 사적 이익실현을 위해 동원하거나 의존할 수 있는 권력자원이라는 의미로 사용한다.10) 따라서 개별가구의 비공식적 연결망자원은 기존 정치적 신분체

Jadwiga Staniszkis, ""Political Capitalism" in Poland," *East European Politics and Societies*, Vol. 5, No. 1(1991); Akos Rona-Tas, "The First Shall Be Last? Entrepreneurship and Communist Cadres in the Transition from Socialism," *American Journal of Sociology*, Vol. 100, No. 1(1994); Bian Yanjie and John R. Logan, "Market Transition and the Persistence of Power: The Changing Stratification System in Urban China," *American Sociological Review*, Vol. 61, No. 5(1996); Eric Hanley, "Cadre Capitalism in Hungary and Poland: Property Accumulation among Communist-Era Elites," *East European Politics and Societies*, Vol. 14, No. 1(2000) 참조.

10) 이 글에서 비공식적 연결망자원을 접근하는 방식과 비슷하게, 동독사회의 위계적 권위구조 내에서 실력자와 연계된 비공식적 연결망자원이 개인적 이익실현에 효과적이었다는 것을 보여주는 Beate Völker and Henk Flap, "Getting Ahead in the GDR: Social Capital and Status Attainment under

계 내에서 가족의 출신성분이나 토대 등에 따라 불평등하게 배분되는 권력자원이라고 할 수 있다.11)

정치적 신분체계 내의 계층적 구분은 다음과 같이 설정될 수 있다. 먼저 가족의 출신성분이 '동요계층'과 같이 정치적으로 불순한 가족으로 낙인찍혀 있는 가구는 최하층에 속한다고 봐도 무리가 없다. 가족의 출신성분이 복잡하지 않은 기본군중의 대다수는 '나쁘지는 않지만 별로 내세울 만한 게 없는' 가구에 해당한다. 따라서 이들은 정치적 신분체계의 하층으로 구분할 수 있다. 이와 달리 가족 중에 시·군급 지방당·정기관이나 사법안전기관의 중·하급(중·초급) 간부가 있는 가구는 대체로 정치적 신분체계의 중간층에 포함시킬 수 있을 것이다.12)

이렇게 설정하고서 정치적 신분체계 내에서 가구별로 불평등하게 배분된 비공식적 연결망자원이 해당가구가 경제적인 계층적 위치를 점하는 데 실제로 어느 정도 영향을 미치는지를 적절한 사례들을 선별하여 검토할 경우 사적 부문의 시장화에 의해 추동되고 있는 경제적 계층분화의 체제이행론적 의의를 파악할 수 있다.13) 가설적으로 제시하

Communism," *Acta Sociologica*, Vol. 42, No. 11(1999) 참조.

11) 북한의 정치적 신분체계에 관한 구체적인 논의는 최봉대, 「계층구조와 주민의식 변화」, 165~166쪽 참조. 개별가족의 출신성분과 계급적 토대에 관련된 북한의 공식 구분기준에 대해서는 박승민·배진영, "북한사회안전부 주민등록사업참고서," ≪월간조선≫, 2007. 7월호, 120~133쪽 참조.

12) 정치적 신분체계의 상층은 자료원에의 접근이 거의 불가능하기 때문에 구체적으로 논의하기가 곤란하다.

13) 1980년대 중반 헝가리에서 국가배정 주택의 다양한 비공식적 사유화경로와 관련하여 사회주의체제하에서 불평등하게 배분된 개별가구들의 비공식적 연결망자원이 이행기 경제적 계층화에 미친 효과에 주목하는 글로는

자면, 사적 부문의 시장화의 진척에 따라 형성되는 북한 도시가구의 경제적 계층분화가 비공식적 연결망자원의 불평등한 배분체계와 비조응적 관계에 있을수록 사적 부문의 비공식적 시장화와 도시의 경제적 계층분화는 북한 체제 이행동력으로서 적극적 의의를 지닌다. 이와 반대로 도시가구의 경제적 계층분화가 비공식적 연결망자원 배분체계와 조응적 관계에 있을수록 사적 부문의 시장화와 경제적 계층분화는 북한 체제 이행에서 적극적 의의를 지니지 못한다는 것이다.

구체적인 작업은 본 연구과제 면접조사자료와 더불어 필자가 2003~2007년에 개별적으로 실시한 심층면접조사 자료들 중 일부를 선별 분석하는 식으로 처리했다.[14] 설문조사 등을 통한 자료수집방식과는 달리 심층면접조사에 의존했기 때문에 경제적 계층별로 유형화될 수 있는, 예상 가능한 모든 사례를 포괄하지 못했다는 점에서 이 작업은 한계가 있다.[15] 그렇지만 경제적 계층분화와 연관된 개인의 비공식적 경제활동을 파악하는 데에는 심층면접조사를 유용하게 활용할 수 있는데, 이 작업에서는 제한된 표본집단이나 표집방법의 제약 등으로 인해 약간 불완전하기는 하지만, 약식 생애사적 자료 분석에 기초하여 경제적 계층별로 몇몇 사례를 검토하고자 했다.[16] 수집자료의 표본 대표성

Judit Bodnar and Jozsef Borocz, "Housing Advantages for the Better-Connected?: Institutional Segmentation, Settlement Type and Social Network Effects in Hungary's Late," *Social Forces*, Vol. 76, No. 4(1998) 참조.

14) 개별면접조사 자료의 피면접자 코딩 관련 기초 인적사항은 이 글의 말미에 부표로 제시하였다.

15) 특히 국가기관의 중·상급 간부층에 해당하는 지배엘리트의 비공식적인 시장연루방식에 관한 구체적인 증언은 거의 확보하지 못했다.

16) 이 점과 관련해서 '사회계보학적' 개별사례연구 방식과 심층면접조사를 결

의 한계 때문에 아래 사례들은 '부분적으로만' 유용한 유형적 사례에 포함될지도 모른다.

3. 도시가구의 경제적 계층분화와 비공식적 연결망자원의 역할

1) 경제적 하층가구: 가용 비공식적 연결망자원의 결여

면접조사 결과에 비춰보면, 사적 부문 시장화의 진척과정에서 경제적 하층으로 편입된 도시가구들의 경우 대체로 정치적 신분체계의 최하층가구나 하층가구에 속하고, 사적 부문의 시장경제활동에 도움이 될 만한 비공식적 연결망자원을 결여하고 있음을 알 수 있다.

(1) 정치적 신분체계의 최하층가구 사례
가족사적 문제로 정치적 신분체계상 최하층가구에 속한 B3는 고난의 행군 시기에 국가공급체계가 붕괴된 후에도 직장인 편의봉사망에 출근하여 '야매' 봉사료 수입으로 어렵게 가족의 생계를 유지했다. '야매'로 본인과 같은 기술을 익힌 사람들이 늘어나서 생계유지가 더 어

합해서 사회주의체제 시기를 중심에 놓고 가족의 세대 간 사회적 계층이동의 궤적을 추적한 Daniel Bertaux, "Transmission in Extreme Situations: Russian Families Expropriated by the October Revolution," in D. Bertaux and P. Thompson(eds.), *Pathways to social class: A Qualitative approach to social mobility*(Oxford: Clarendon Press, 1997); Rudolf Andorka, "Social Mobility in Hungary since the Second World War: Interpretations through Surveys and through Families Histories," 같은 책 참조.

려워진 뒤에도 B3은 여전히 이 일에만 매달렸다. B3이 생계유지 압박이 가중되는데도 공식직업을 벗어나지 못했던 것은 직접 시장 장사에 뛰어들 약간의 밑천도 마련할 여력이 없었고, 또 돈벌이가 될 만한 어떤 특별한 기술이나 전문지식이 없었기 때문이기도 하다. 그렇지만 이런 사정들보다 좀 더 중요한 이유는 생계를 위해 '방조'를 받을 만한 비공식적 연결망자원이 없었다는 점에서 찾을 수 있을 것이다. 만일 장사 밑천을 빌릴 수 있었거나, 안면관계로 다른 일자리를 소개받거나 동업할 기회를 갖게 되었더라면 B3는 사적 부문의 비공식적 '부업'에 본격적으로 진출했을지도 모른다.

가족사적 배경이나 직업경력 등에서 B3과 유사한 B5는 공식직업에 의존해서 생계를 꾸리는 게 한계에 부딪히자 영세한 장마당 빵장사로 전환하여 장사에 적극적으로 나섰다. B5의 경우에도 장사하는 데 도움이 될 만한 비공식적 연결망자원이 없었기 때문에 경제적 하층에서 탈피하기가 어려웠다고 한다.

B3과 B5가 경제적 하층가구로 편입된 데에는 부족한 개인의 시장적응능력도 문제가 될 수 있다. 그렇지만 가족의 출신성분이나 토대 문제로 인해 이들이 기존 정치적 신분체계의 최하층에 속하게 됨에 따라 다른 가구들에 비해 비공식적 연결망자원을 축적할 기회가 구조적으로 거의 주어지지 않았다는 점을 고려해야 할 것이다.

(2) 정치적 신분체계의 하층가구 사례

정치적 신분체계상 '기본군중'에 속하는 '사민'(비간부 일반주민)가구 '세대주'(가족 생계유지의 주된 책임자)들도 특출한 시장적응능력이 없고, 가용할 수 있는 비공식적 연결망자원이 없을 경우, 대체로 경제적 하층으로 편입되고 있다. 행정부문 말단 부원을 세대주로 둔 B8은 부모의 '방조'를 받아 가족의 생계를 꾸려나갔다. B8은 제대한 군인으로 궁핍한 생활에도 여느 여성들과는 달리 장사나 부업활동을 할 엄두를 전혀 내지 못했다. 그 대신 B8은 부양으로 있으면서 세포비서 일을 했다.

B6과 C4의 경우 아내들이 장마당 장사 등의 부업을 하고, 본인들은 '8·3' 노동자나 자재지도원이나 운전수 등으로 공식 직업을 유지하면서 소규모 밀수나 중기 되거리장사 등 사적 부업을 했다. 이들도 청년동맹 초급단체 위원장도 하고 입당도 했지만, 출신성분이나 토대 면에서 B8과 마찬가지로 별로 내세울 게 없었다. 이들 세 사람의 공통점으로 직업경력상 시장 장사 같은 상행위에 뛰어들기가 어려웠다는 점을 들 수 있을 것이다.17) 그러나 이런 개인적 성향과 별개로 이들은 위의 최하층가구들과 마찬가지로 본인들의 시장활동에 도움이 될 만한 비공식적 연결망자원을 거의 갖고 있지 않았다는 것을 알 수 있다.

---

17) 이런 사례에 해당하는 하층가구들의 경우에 '세대주' 등의 공식 직업에서 설령 어떤 수입이 생긴다고 할지라도 가족의 생계유지에 거의 도움이 되지 않기 때문에 세대주 본인이나 나머지 가족 구성원들의 사적 부업활동이 가족의 주된 수입원을 구성한다. 예컨대 부양여성이 시장에 '출근'해서 영세한 음식장사나 잡화 소매장사 등을 해서 벌은 하루 수익금을 가지고 가족의 하루 끼니분 식량을 구입하는 가구들이나 신발, 옷가공 등 잡다한 부류의 영세 가내수공업 등으로 근근이 생계를 유지해나가는 가구들이 전형적이라고 할 수 있다. 이 외에도 시장에 생계를 의존하는 여러 부류의 영세한 '달리기'들이나 옷이나 중기 등의 '거간꾼'과 '딸딸이', 또 파지, 파고무, 공병 등 폐품 수집상이나, 주로 외화벌이나 주민노력동원사업과 관련된 '임시노력'이나 '임대노력' 등과 같은 다양한 일고(日雇) 형태로 생계를 꾸려나가는 가구들도 이런 부류에 해당한다.

2) 경제적 중간층가구: 비공식적 연결망자원의 차별적 효과

경제적 중간층에 속한 몇몇 가구의 사례를 보면, 해당 가구의 정치적 신분체계상의 위치에 따라 비공식적 연결망자원의 효과가 상당히 차별적으로 작용하고 있다는 것을 알 수 있다. 특히 정치적 신분체계의 최하층 또는 하층에 위치하면서 경제적 중간층에 속한 가구들의 경우 상이한 계층체계 간 '이동'에서 비공식적 연결망자원보다도 개인의 시장적응능력이 훨씬 더 중요하게 작용하고 있다. 이와 달리 정치적 신분체계의 중·하층에 속해 있으면서 경제적 중간층에 속한 가구들의 경우 개인의 시장적응능력보다 해당 가구의 비공식적 연결망자원이 더 중요한 역할을 하고 있다.

(1) 정치적 신분체계의 최하층가구 사례

1990년대 정치적 '숙정'과정에서 가족이 정치적 화를 입은 B4는 변화된 개인의 정치적 신분의 제약 속에서도 1990년대 후반 이후 유휴 지방산업공장의 일부 설비를 비공식적으로 빌리거나, 자신의 집에 소수 타인 노동력을 항상 고용해서 작업을 할 정도로 옷 임가공사업에서 성공적이었다.[18] 그녀의 이런 시장경제활동에는 몇 가지 조건이 유리하게 작용했다. B4는 결혼 전에 회계 일을 했고, 1980년대에도 8·3으로 옷 가내임가공 부업을 해서 장사 밑천을 마련해두었다. 또 가족 가운데 국가물자 관리업무에 종사한 사람이 있어서 경제적 이해타산을

---

18) 물론 본인이 자재를 제공하고 공장에 임가공료를 지불하는 식이었지만, 공식적으로는 공장 자체적으로 자재를 조달하고 설비를 가동하여 생산실적을 낸 것으로 처리된다.

따지는 일에 빨리 눈을 떴다. 이런 조건들이 결합되어 B4는 사적 부문의 시장적 관계에 성공적으로 적응했다.

고급 인텔리 집안 출신이지만 정치적 신분체계상 B4와 유사한 처지에 놓이게 된 A3는 "정치적으로 낙오자가 된 집안이니까 이제는 돈을 벌어야 당당하게 나설 수 있다는 생각"을 가지고 옷 가공업에 뛰어들었다. A3가 받은 전문고등교육이나 '반시장적인' 집안 분위기는 시장적 경제활동과 동떨어진 것이었다. 그렇지만 A3는 옷가공 기술을 습득하기 위해 관련기술서적을 연구하고, 시장유통경로를 연구하고, 경험자한테 조언을 구하는 등 사전준비를 했다. B4와 마찬가지로 모아두었던 약간의 초기 밑천을 활용할 수 있었던 것도 도움이 되었다. 이렇게 해서 A3는 사업 밑천을 늘려서 나중에는 천 퉁구리 도매장사로 나설 정도로 성장했다.

이와 달리 가족의 정치적 과오로 인해 차별을 받아온 PS-1은 '고난의 행군' 시기에 본인이 가족의 생계를 떠맡아야 할 정도로 어려운 처지에 놓였다. 그래서 '직위 없으면 돈이라도 있어야 한다'는 인식을 갖고 금속 밀매로 시작해서 돈 장사, 고급옷 장사 등을 해서 중간층의 소비생활을 누릴 수 있었다. 이 과정에서 어머니로부터 물려받은 '장사꾼 기질'이 본인의 장사에 크게 도움이 되었다고 한다(PS-1-1).[19]

---

[19] 이런 유형의 사회적 이동의 좀더 극적인 사례는 한 유력한 수산 외화벌이 기지 '처녀'의 경우에서도 찾아볼 수 있다. 빈궁한 가정형편 때문에 중학교도 제대로 졸업하지 못하고, 토대적으로도 미해명상태인 한 여성이 돌격대에 자원 진출해서 공구관리원을 하면서 현물경제감각을 체험적으로 익힌 뒤에 사회급양부문의 출납원과 상업학교 등을 거쳐서 외화벌이기지 노동자로 입직했다. 그 후 이 여성은 '다방면으로' 사업능력을 인정받아 기지장직을 맡게 되었다(C2-2).

이 세 가구의 사례는 정치적 신분상의 제약과 그에 따른 사회적 차별에도 불구하고 개인의 노력과 뛰어난 '사업수완' 덕택에 경제적 중간층가구로 편입된 경우이다.[20] 달리 말하면 '고난의 행군' 시기에 정치적 신분체계상의 최하층 또는 하층가구도 사적 부문의 경제활동에 적극적으로 뛰어들 수 있는 공간이 마련되었다는 것을 뜻한다. 이 가구들과 앞의 경제적 하층에 속하게 된 가구들의 주된 차이 중 하나는 이 가구들은 원래부터 정치적 신분체계의 (최)하층에 속했던 것이 아니라는 점과 앞의 경제적 하층가구들과 달리 초기 장사 밑천을 보유하고 있었다는 점이다. 또 이 가구들은 이전에 보유했던 비공식적 연결망자원은 정치적 신분의 변화와 함께 거의 상실했다.

그렇지만 B4는 일감을 공장에 임가공 주기 위해서는 공장 간부들과 안면관계를 만들어야 했고, A3도 시장유통 관련 실무지식을 얻기 위해 경험이 풍부한 고수 판매자와 안면을 터야 했다. PS-1도 돈장사 기간이나 고급옷 판매를 위해 거주지 도·시급의 중간 간부집 부인들을 개별 방문할 수 있을 정도로 안면관계를 구축해야 했다(PS-1-1). 이것이 의미하는 바는 경제적 중간층에 진입한 이 가구들이 현재 계층적 위치를 유지하기 위해 비공식적 연결망자원 축적을 위해 부단히 노력했다는 것이다. 그렇다고 해도 이런 노력은 아래 가구 사례들과 비교하면

---

20) 예컨대 이들은 시장에서 유행하거나 수요가 많아질 의류를 남보다 빨리 전망하고 대응하는 것과 같은 사업수완을 갖고 있었다. 이들과 유사하게 1990년대 말에 라선에서 직접 천을 사다가, 몇 사람을 고용해서 여성복 임가공사업을 해서 돈을 벌었던 A4는 '유행이 바뀔 때 이 유행을 빨리 따라가서 받아 무는 데는 1등'이었고, '디자인을 생각해내느라고 잠을 못 잤을' 정도로 '머리를 많이 써서' 판매경쟁에서 우위를 차지할 수 있다고 했다.

쉽게 짐작할 수 있듯이, 이 가족들을 압박하는 정치적 신분체계의 제약을 벗어나기가 어려웠다는 것을 알 수 있다.

(2) 정치적 신분체계의 중·하층가구 사례

공식적으로는 조그만 사업소의 지도원으로 적을 걸어 놓은 A1은 하급 행정간부에 해당한다. A1은 '고난의 행군' 시기에 가재도구를 팔아 약간의 밑천을 만들어 소규모 산업용 전기설비 제작 및 수리보수를 부업으로 해서 가족의 생계를 어느 정도 여유 있게 꾸릴 수 있었다.[21] 본인의 공식 직업경력에서 축적된 전문기술이 이 부업의 시장우월적 지위를 확보하는 데 일차적인 도움이 되었다. 그러나 이런 개인의 능력보다도 이런 유형의 부업에 절대적으로 필요한 것은 소규모 설비를 자체 마련해서 공장 등에 설비등록을 해야 하는 일이다. A1은 이 문제를 혈연적 연결망자원을 동원하여 어렵지 않게 해결했다. 또 이런 부업활동이 직면하게 되는 사법안전기관의 단속이나 검열을 피하는 데에도 이 자원은 매우 요긴하게 사용되었다. A1이 향유했던 이런 비공식적 연결망자원에 기반을 둔 사업상의 '특혜'는 유력한 가족과 친인척의 토대에 힘입은 것이다.

C1은 A1과 같은 가족의 특수한 토대가 없었지만 본인의 공식 직업경력을 십분 활용하여 가족의 생계를 어느 정도 여유 있게 꾸려간 경우에 해당한다. 자신의 재능으로 기술계통 전문학력을 보유하게 된 C1은 편의봉사사업소의 수리공으로 근무하면서 비공식적으로 중기장사

---

21) A1은 이런 부업을 하는 데에는 상급기관이나 사법안전기관의 통제가 상대적으로 느슨한 소규모 공장이 더 낫다고 판단해서 영세한 지방산업공장으로 적을 옮겼다.

를 해서 적지 않은 돈을 모았다. 이후 그는 비상근 중간 행정간부에 해당하는 시급건설대상 지휘부 성원으로 근무하면서 자비를 들여 '합법적 공간을 이용해서' 가공식품 생산설비를 마련하였다. 나중에 사실상 본인의 소유가 된 이 설비를 군부대에 등록하고, 부양여성 '노력폰드'를 받아 '개인사업'을 했다. C1은 A1과 달리 유력한 비공식적 연결망자원이 없었기 때문에 검찰에 자신의 설비를 몰수당한 경우도 있었다. 그렇지만 공식 직업활동을 발판으로 해서 비공식적 연결망자원을 확충하고, 이를 '개인사업'에 활용했던 수완 덕택에 C1은 사적 부문의 시장화에 적극적으로 적응할 수 있었다.

A1이나 C1와 대조적으로 대기업소의 중간행정간부인 PS-2는 추수기에 주변 농장에 나가 쌀을 소량 구입하여 보관했다가 이듬해 춘궁기에 시장에 내다파는 '부업'을 했고, 가족의 다른 구성원도 중국산 공업품 보따리장사를 해서 가구생계를 보조했다. PS-2도 중간층 정도의 소비생활을 유지하기는 했지만, A1이나 C1에 비해 여유가 없었다. PS-2는 공식직업 여건상 A1이나 C1처럼 비공식적인 자영제조업에 종사할 수 없었지만, 공식직업상의 권한을 이용하여 비법적인 방식으로 가구수입을 보전하는 데에도 적극적이지 못했다. 이는 PS-2가 해외귀국자 출신으로 A1이나 C1과 같은 비공식적 연결망자원을 구축하기도 어려웠을 뿐만 아니라, 출신성분상의 제약을 의식하여 일상생활에서 신중하게 처신했기 때문이다(PS-2-1).

이상의 두 부류 사례는 사적 부문의 경제적 계층체계 내에서 동일한 중간층가구에 속하지만, 비공식적 연결망자원의 작동범위나 사업대상 등에서 질적으로 차이가 난다. B4, PS-1, A3와 비교하면 A1과 C1의 비공식적 연결망자원은 이들의 사적 부문 경제활동 유지에 불가결한 역할을 했을 뿐만 아니라, 그 효과도 상대적으로 크다는 것을 알 수 있다. B4, PS-1, A3의 경우 비공식적 연결망자원이 상대적으로 빈약하다. 예컨대 이들의 경우 비공식적 연결망의 구축, 즉 '개인사업'(뇌물 제공) 대상이 동 주재보안원 정도에 한정되는 데에서도 알 수 있듯이 자신들의 사적 경제활동을 '보호'받을 수 있는 비공식적 연결망자원이 매우 취약하다.[22] 따라서 이들의 사적 '부업'은 사법안전기관 등의 자의적인 통제에 상대적으로 더 취약하다.

A1이나 C1의 비공식적 연결망은 적어도 시급 권력기관 정도까지는 유효 범위 내로 포괄할 수 있다. 특히 A1의 '비사회주의적인' 개인사업방식은 정치적 신분체계의 상층과 연계된 혈연적 연결망의 '비호'가 없이는 불가능했을 것이다. 반면에 A1과 같은 비공식적 연결망자원이 없었기 때문에 사안의 '정치적' 비중면에서 상대적으로 경미한 C1의 개인사업은 타격을 받기도 했다. 사적 부문 경제활동의 보호막으로서 비공식적 연결망자원의 강력한 효과는 정치적 신분체계의 위계적 지배구조에 뒷받침되고 있는 셈이다. PS-2의 사례는 이 점을 역설적으로 드러내준다. 왜냐하면 PS-2는 정치적 신분체계상 A1이나 C1과 외견상 유사한 지위에도 불구하고 실제로는 '모호한' 신분 때문에 비공식적 연결망자원이 제약되고 있기 때문이다.

---

[22] 예컨대 '보안원이 장사꾼을 따라다니면서 목조리하고 그러니까 나는 동복도 해 입히고, 솜바지도 해서 입히고, 아이들 옷도 해주고' 하는 식이다 (B4).

3) 경제적 상층가구: 비혈연적 연결망자원의 효과와 한계

　경제적 중간층가구의 사례는 본인의 시장적응능력과 비공식적 연결망자원의 축적 위에서 공식직업 공간을 잘 활용할 경우 사적 경제활동을 통해 개별가구가 경제적 상층으로 진입할 수 있는 가능성을 보여준다. 그런데 외화벌이일꾼들의 사례를 제외하고는 경제적 상층에 진입한 가구들의 사례를 면접조사를 통해 확인하기는 쉽지 않다.[23] 이런 사정을 감안하면서 몇몇 사례를 통해 볼 때 경제적 상층가구의 경우, 개인재산 증식은 비공식적 연결망자원, 특히 혈연적 연결망자원에 의해 가장 크게 영향을 받는다는 것을 알 수 있다.

(1) 정치적 신분체계의 최하층가구 사례

　좀 과장된 표현이기는 하지만 C3에 의하면, '자기 집에 돈이 얼마큼 있는지를 모를' 정도로 축재를 해서, 지역사회에서 '큰 돈주'로 소문난 사람(여기서 편의상 이 사람을 X라고 칭한다)이 있다.[24] X는 지주집안 출신

---

[23] 당연한 일이지만 풍족한 개인소비생활을 누리고, '애국적 소행'을 드러내 보이는 '책무'에 태만하지 않을 경우 일정한 사회적 '평가'도 받을 수 있는 경제적 상층가구는 '특별한 사정'에 처하지 않는 이상 굳이 자신의 삶의 터전을 이탈할 이유가 없을 것이다.
[24] 돈주는 '개인재산을 화폐로써 가지고 있는 사람'(C2)이라고 할 수 있지만, 개인재산의 보유규모 등이 은폐되는 사회에서 돈주를 정의하기에는 모호한 측면이 있다. 돈주의 개인재산 보유 대역이 점차로 넓어지고, 지역 특성을 반영한 상대적인 준거 기준들이 뒤섞이게 되면서 돈주라는 말은 제대로 규정하기가 더 곤란하게 되었다. 실례로 한 도시의 유관기관에서는 비사검열에 들어가기 전에 돈주의 개인재산에 대한 사전요해작업을 할 때 인민반장이나 주민들을 통해서 장악한 정보에 기초해서 대략 추정을 했고,

이고 선대가 치안대에 연루되었던 '반혁명적 적대분자'출신이었다. 그래서 그는 오히려 주변의 시선을 의식하지 않고 '고난의 행군' 이전에 배낭장사를 하기 시작해서 이제는 큰 상점을 얻어놓고, 컨테이너로 중국산 옷이나 피복 퉁구리를 수입해서 판매할 정도로 개인재산을 모았다. X는 정치적 판단과 생존능력도 뛰어나서 군대에다 적을 걸고 장사

100만 원대 이상의 '헌금'을 할 경우 대체로 해당 액수의 열 배 정도 되는 개인재산을 가지고 있을 것이라고 짐작했다고 한다(C3). 또는 실제로 움직이는 물동량을 금액으로 환산하여 그 3배 정도를 돈주의 현금재산 보유액으로 추정하기도 한다(RA5). 이처럼 돈주라는 존재의 경제적 계층범주를 구분하기는 모호하지만, 대체로 '고난의 행군'이 시작되고 1~2년 지나면서 일반 주민들 사이에 점차로 알려지게 된 것으로 보인다(C3, C2-1). 돈주들은 일반적으로 외화벌이회사 등에 '입직'하여 적을 걸어놓고 개인사업의 합법적 공간을 조성하려는 행태를 보이게 된다. 예컨대 이해관계의 다툼 때문에 드물기는 하지만, 경우에 따라서는 몇 사람이 공동 투자하는 식으로 해서 폐기대상에 해당하는 수산사업소의 노후 어선을 구입하여 내부 설비를 교체하고 보수하여 다른 기업소의 부업선으로 이관등록한 뒤 일정한 어획량의 처분권을 담보로 외화벌이에 나서는 사례가 있다. 또 농장에 비료나 농업기자재 등을 공급해주고 수확한 남새나 식량으로 돌려받거나, 탄광에 종업원 식량과 보수용 부품이나 설비를 제공해주고 생산된 석탄의 일정량을 받아서 이것들을 시장에 내다가 처분하는 것과 같은 사례가 있다. 또 대기업소 무역지도원으로 진출하여 자재 등의 국가계획분을 보장해주고, 그 과정에서 자기 이익을 챙기는 사례를 들 수 있다. 드물기는 하지만, 특히 재일교포 연고자들에게서 찾아볼 수 있는 경우로 규모가 작은 식료공장과 같은 지방산업공장이나 탄광기계공장이나 갱목사업소 등의 지배인으로 직접 진출하거나 대리인을 내세워 운영하는 사례도 있다. 이런 경우는 개인의 경제적 실리보다는 돈으로 '사회적 명예'와 생활상의 편의를 보장받는 게 더 중요한 동기로 작용한 것이라고 볼 수 있다(C1-1, C2, C3-1, PS-2-1).

를 했다. 따라서 사회 쪽의 '비사검열 합동그루빠'들의 단속을 피해서 '예외적으로 살아남게끔 되었다'고 한다. 개인 신상 안전을 보장받기 위해서 그는 남들보다 훨씬 이전에 공식적으로 돼지나 콩 같은 군대 후방물자 지원사업이나 발전소 건설지원사업 등을 '쎄게' 해서 감사장도 받아 놓았다. 또 군간부들에게는 명절 때마다 비공식적인 선물사업을 적극적으로 조직한다고 한다.

이 사례는 당사자의 증언을 직접 수집한 것이 아니기 때문에 X가 자신의 개인사업을 유지하기 위해 어떤 식으로 비공식적 연결망자원을 구축하고 동원했는지 구체적으로 알 수는 없다. 그런데 X가 '종당에는 (결국에는) 새로운 경제관리체계가 많이 어려울 때 돈을 국가에다 지원하고' 입당했고, 한 사업소의 지도원으로 적을 걸어놓았다는 C3의 언급에 비춰보면 X는 '돈 있는 사람은 돈으로 애국하라'는 최고권력자의 '말씀'이 있은 뒤에 거액의 '헌금'을 내고 입당한 것으로 보인다. X는 출신성분의 제약으로 인해 자신의 개인사업에 도움이 될 만한 혈연적 연결망자원이 아마도 전혀 없었을 것이다. 따라서 그는 비혈연적 연결망자원을 확충하는 데 상당한 금전적 투자를 했다고 볼 수 있다.[25] 그러나 X와 같이 정치적 신분체계의 최하층가구가 경제적 상층으로 '상승이동'해서 개인재산을 증식하는 데 동원할 수 있는 비혈연적 연결망

---

[25] 함북이나 함남의 유력한 돈주들 가운데 일부가 수 백만 원 어치 이상의 인민생활공채를 구입한 공로로 노력영웅 칭호나 감사장을 받은 것이나, 혜산의 한 외화벌이 여성이 여맹의 여성호 탱크 제작비용으로 318만 원을 '바친' 것도 유사한 사례에 해당한다(PS-2-1, D2). 구체적으로 확인하기는 곤란하지만, X와 같은 이런 정치적 하층신분 출신 돈주들의 비공식적 연결망자원으로서 이들에게 물품을 공급해주는 중국인 '대방'(거래상대방)과의 강력한 연결관계를 고려할 수 있다(PS-18-1).

자원은 한계가 있을 수밖에 없다. 내세울 게 없긴 하지만 정치적 신분이 X보다는 나은 A5의 사례를 보면 이 점은 좀 더 분명해진다.

(2) 정치적 신분체계의 하층가구 사례

A5는 고등중 학력에다 사회 진출 초기에 '막노동자'로 배치되었을 정도로 출신성분이나 토대 면에서 내세울 게 없었다. 그는 '고난의 행군' 때 소규모 중기장사로 경험을 쌓고 약간의 밑천을 마련한 뒤, 편의봉사사업소 수리공으로 적을 옮겨 본격적으로 중기장사로 진출했다. 경제적 상층에 속하는 다른 사람들이 그러하듯이 그도 중기장사를 하여 상당한 액수의 달러를 보유했다. 그런데 그는 '기업소 명의로 자기 돈을 투자해서 식당을 운영할 기회가 있었지만 도당 같은 힘 있는 곳을 끼지 않는 한 나중에 국가에서 회수해가면 투자한 돈만 없어지는 꼴이 되기 때문에' 자기 자본을 증식할 수 있는 기회를 포기했다. A5는 혈연적 연결망자원이 '안받침(뒷받침)'되지 않은 상태에서 자신이 의존할 수 있는 비공식적 연결망에는 한계가 있다는 것을 알고 있었기 때문이다.

X나 A5가 비공식적인 자영상업이라는 비공식적 '부업'에 의해 경제적 상층에 진입한 경우라면, 이들보다 더 일반화된 '계층체계 간 상승이동경로'를 국가기관들의 외화벌이부문 일꾼, 그중에서도 수출 '원천동원' 일꾼들에게서 찾아볼 수 있다. 이들은 불가피하게 사적 부문의 불법적인 경제활동에 연루되어 '비사회주의적 방식'으로 개인재산을 증식할 수 있는 기회가 많다.[26] 또 인사관리상 원천동원 일꾼(지도원

---

[26] 북한의 외화벌이일꾼은 크게 세 부류로 구분할 수 있는데, 무역 관련 전문

이나 과장급)은 정식 무역일꾼과 달리 간부사업 대상이 아니라 노동과 대상이다. 따라서 다른 사적 부문 경제활동 참가자들에 비해 정치적 신분체계의 사민 하층가구들에서 경제적 상층으로 진입하는 비율이 높다.27)

이들의 사업세계에서는 '사업은 자동차와 전화가 한다'는 말이 널리

교육과 외국어교육을 받고 유관 국가기관이나 해외파견 근무를 하는 무역단위 일꾼들, 주로 합영회사나 수출단위 등의 임가공수출에 관련된 경영실무를 담당하는 가공생산단위 일꾼들, 그리고 수출원천을 장악·수집하여 무역단위에 넘겨주는 원천동원 일꾼들로 나뉜다. 원천동원 일꾼들은 소속 외화벌이 단위에서 연간 개인별 외화벌이 달러 액상과제 수행지표만을 받을 뿐 실제 사업에 소요되는 모든 비용을 자력으로 해결해야 한다. 따라서 자신의 사업자금을 보전하고 확충하기 위해서 이들은 공식 직업활동의 외피 아래 '비법적으로' 돈을 벌 수 있는 공간을 만들어나갈 수밖에 없다. 그러므로 개인적으로 '카바를 서 줄 수 있는'(후견적 비호를 받을 수 있는) 비공식적 연결망자원을 동원할 수 있는 경우에도 이들은 '비법적인' 개인 재산 증식에 따른 불안감을 지니고 있고, 감독기관의 재정검열에 대비해서 회계장부를 이중으로 작성하는 것이 관행으로 되어 있다. 이들은 '사회주의적인 방식'으로는 계획과제를 수행할 수 없을 뿐만 아니라 개인적으로도 돈을 벌 수가 없기 때문에 '하나부터 열까지 100% 비법'으로 자본주의적 방식으로 사업을 전개한다. 그러나 '총화 때 재는 자막대기는 사회주의적인 자막대기이기 때문에 완전히 다 걸리게 되어' 있어서 불안해할 수밖에 없다(PS-6). 대체로 원천동원 외화벌이들은 농토산물, 수산물, 일부 광물자원 등의 '수출원천'의 장악·수집에 집중되어 있다.

27) 예컨대 돈 많은 귀국자가 어떤 중앙기관의 외화벌이회사 도급지사를 내와 본인은 원천동원지도원 직함을 가지고 개인사업을 한다든가, 교화 출소자나 밀수를 해서 많은 돈을 번 '망종'이 외화벌이 원천사업소장(기지장)으로 '입직'한다든가, 심지어 '협잡꾼'과 다를 바 없는 부류가 원천동원지도원의 적을 가지고 활동하기도 한다.

퍼져 있을 정도로 기민한 활동성, 자기 사업밑천(또는 투기성 단기자금을 끌어들이는 능력), 비공식적 연결망자원의 축적이 '원천동원' 일꾼이 갖춰야 할 기본요건들이다. 이 중에서도 가장 중요한 것은 비공식적 연결망자원, 좀 더 한정적으로 말하자면 혈연적 연결망자원이라고 해도 지나치지 않다. 실례로 중앙기관 무역회사 원천동원지도원인 B2가 수산물 원천 장악을 위해 함북의 ○○군에 내려가 현지 당기관 간부들과 사업을 한다거나, 또는 다른 어떤 원천동원지도원이 평남의 ○○군에 내려가 어떤 희귀금속 정광을 수집하려고 할 때 '친인척관계가 없이는'(친인척관계를 내세워 안면관계를 만들지 않고서는) 할 수 있는 일이 거의 없다(RA1).

이 사례들은 혈연적 연결망자원과 사민 외화벌이일꾼의 일종의 지대추구활동 사이의 상관관계를 잘 보여주는데, RA4와 같이 당계통의 요직에 가까운 친인척을 둔 경우에는 본인의 정치적 신분이 비당원 하층이라는 것과 무관하게 이 상관관계는 훨씬 더 강력하게 나타난다. RA4는 말단행정단위의 자재인수원 정도에 지나지 않았지만 상대적으로 힘 있는 단위들을 제치고 국가적인 생필품의 일정량을 생산기업소에서 공급받아 그중 일부를 시중에 비공식적으로 유통시키는 방식으로 어렵지 않게 상당한 액수의 달러를 축장하여 '큰 돈주'로 성장했다(RA4-1).

(3) 정치적 신분체계의 중간층 가구 사례

지방당 외곽단체 간부인 C3의 집안은 가족의 토대가 상당히 '좋았고', 정치적 신분체계의 중간층 정도에 해당한다. 따라서 C3의 혈연적 연결망자원도 대다수 위의 사례 가구들보다는 더 유력하다고 볼 수 있다. 그런데 C3는 개인재산을 증식하는 데 비공식적 연결망자원과 함께 본인의 공식직업상 권한을 적절하게 이용했다. 그는 소속부서가 관장하는 공장·기업소 노동자용 식량, 석탄 등의 확보과정에서 자신의 자금을 투자해서 여분의 물자를 확보한 뒤에 이를 비공식적으로 시장에 유통시키는 식으로 금전적 이득을 얻었다. 그는 가족 중 한 사람이 되거리장사에 필요한 수입공업품 물량을 확보할 수 있도록 자신의 비공식적 연결망자원을 활용하기도 했다.

이런 식으로 경제적 상층에 진입한 C3의 경우 개인재산 증식과 관련해서 위의 사례들과는 좀 다른 면이 있다. 우선 그는 공식업무를 수행하면서 그 안에 비공식적인 공간을 만들어 개인사업을 했다. 그는 공식직업의 안정적 유지가 중요했기 때문에, 다른 사람들의 '말밥'에 오르내릴 정도로 무리하게 공식업무공간을 부업활동에 집중하지는 않았다. 그렇기 때문에 C3의 경우 가구의 주된 비공식적 부업활동은 그가 구축해 놓은 비공식적 연결망자원을 활용한 가족의 다른 구성원의 몫이었다. 또 C3는 공식직업을 이용한 '비법적인' 개인재산 증식문제로 많이 불안해하지 않았다. 이는 그가 부업활동에 신중을 기했기 때문이기도 하지만, 유력한 혈연적 연결망자원을 갖고 있기 때문이기도 했다.

그런데 간부층의 사적 부문 경제활동 참가양태와 관련해서 볼 때 C3의 사례는 '권세를 쓸 수 있는' 일부 힘 있는 국가기관의 중간간부들에게 부분적으로만 해당되는 것 같다. 앞의 PS-2처럼, '힘없는' 중간 행정간부가 가족의 생계를 위해 사적 부문과 연계하는 경우도 있지만, 이와 대조적으로 '먹을 알'이 있는 자리를 차지하고 있는 간부라면 굳이 C3와 같이 이런 식의 '정치적 모험'을 하지 않더라도 '들어오는' 비공식적 부수입을 가지고 어느 정도 여유 있는 소비생활을 할 수 있

기 때문이다(RA1).28)

(4) 비공식적인 개인재산 증식·축장의 현재적 제약

경제적 상층가구들과 이들의 정치적 신분체계 내의 지위 사이의 연관성을 보여주는 위의 세 가지 부류의 사례는 앞에서 검토한 경제적 하층·중간층가구 사례들의 시사점을 좀 더 분명하게 보여준다. 무엇보다도 사적 부문의 비공식적 시장경제활동을 통한 개인재산의 규모가 커질수록 해당 개인이나 개별 가구가 상대적으로 더 안정적인 조건에서 개인사업을 유지하거나 확장하기 위해서는 자신의 정치적 보호막 역할을 해줄 수 있는 강력한 비공식적인 연결망자원을 보유해야 한다는 점이다. 그러므로 개인이나 가구의 정치적 신분이 '불량'할수록 비공식적 연결망자원의 효과도 대체로 감소한다고 볼 수 있고, 또 정치적 신분이 '불량'하지 않을 경우에도 유력한 혈연적 연결망자원이 없으면 개인재산을 안정적으로 증식하기가 어렵다는 점도 알 수 있다.

<그림 2-1>은 위에서 검토한 개별가구들의 이중적 불평등체계 내 계층적 위치 변화 사례들을 도식화한 것이다. <그림 2-1>에서 계층적 위치 변화 경로들이 일견 일관성 없이 복잡한 양상을 보여주는 것 같지만, 실제로는 일정한 경향성을 보여주는 것을 알 수 있다.

---

28) '특별한 사정'에 따라서는, 예컨대 힘 있는 중앙급 외화벌이기관의 간부가 원천동원자금의 일부로 자기 개인자금을 우회적으로 밀어 넣고, 나중에 투자수익의 일부를 가져가는 행태도 있다(RA3). 그렇지만 일반적으로 중간 간부 정도만 되더라도 본인이 아닌 가족 구성원의 직접적인 사적경제활동 참가도 신중하게 접근하는 경향이 있다. RA4만 하더라도 가까운 친척임에도 불구하고 자기 개인사업의 비공식적인 후견인 역할을 해준 '실력자' 간부에게 반드시 정기적으로 '인사'를 차렸다.

제2장 북한 도시 사적 부문의 시장화와 도시가구의 경제적 계층분화   67

<그림 2-1> 과도기 이중적 불평등체계 내 개별가구들의 계층적 위치 변화 경향성(본문 예시 개별가구들)

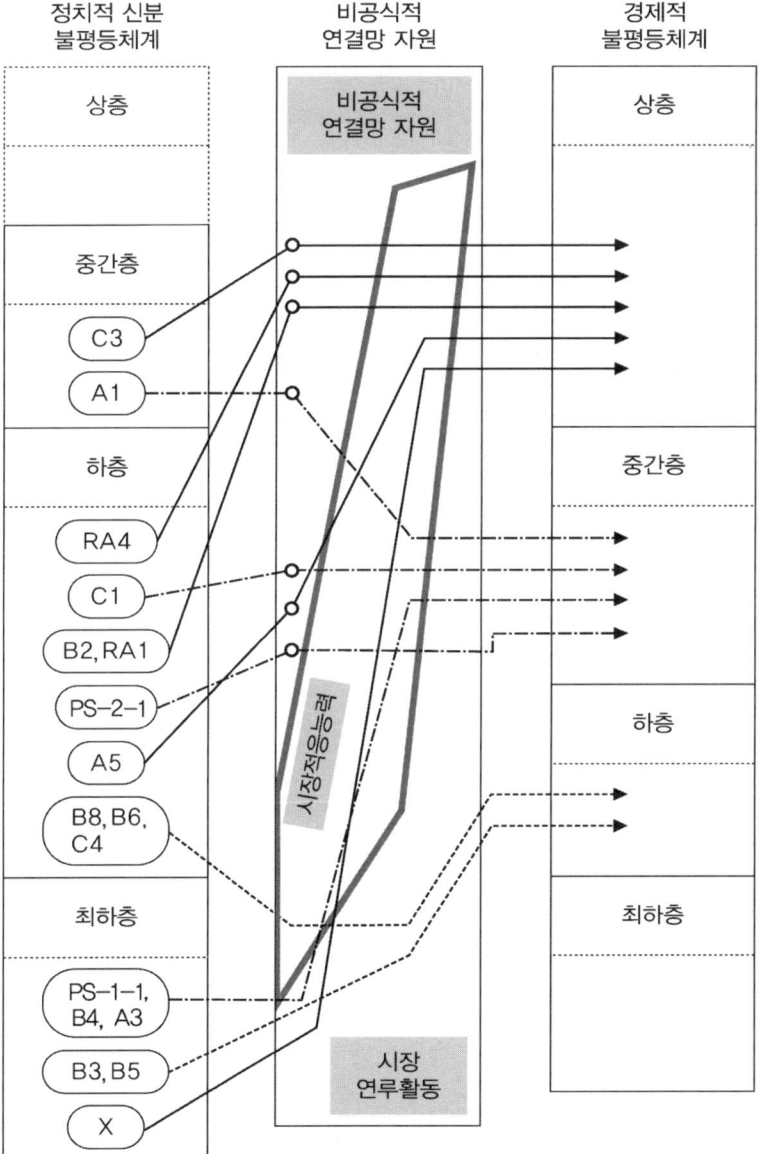

그렇다면 위 사례들과 같은 몇 가지 부류의 사민 출신 경제적 상층 가구의 개인재산 증식이나 또는 유력한 혈연적 연결망자원에 기반을 둔 정치적 신분체계의 중간층(간부)가구의 개인재산 증식은 어떤 체제이행론적 의미가 있는 것일까? 단편적이기는 하지만 다음 세 가지 일화는 이 물음에 답하는 데 도움이 된다.

① 부친이 정치범으로 처벌받은 적이 있고, 본인도 범법행위로 교화출소 경력이 있는 ○○군의 한 '막강한' 외화벌이기지장은 2005년경에 국가에 1만 달러를 헌금으로 기부했다. 군당에서는 이 기지장이 노력영웅 칭호를 받을 수 있도록 준비사업을 하면서, 비공식적으로 군민들에게도 이 일을 선전하였다. 그런데 이 기지장의 이력을 조사하는 과정에서 가족사가 드러나자, 인민들의 반향이 급변하여 "(기지장은) 현재 돈이 많으니깐 나쁘다. 정치범의 자식이고, 교화까지 갔다 왔는데, 어떻게 이렇게까지 할 수 있는가"라는 식으로 군내 여론이 악화되어 노력영웅 칭호를 받지 못했다(PS-14).

② 2003년에 중앙에서 파견된 비사 합동그루빠 검열 당시 혜산시 위연 철도병원장 집에서 은닉해놓은 내화(북한돈) 4억 원이 적발되자, 이 병원장이 자살한 일이 있었다. 또 같은 검열그루빠가 양순회사(혜산백화점)와 연계하여 중국천 수입장사를 크게 했던 한 여자 집에서도 내화 1억 5,000만 원을 적발했다. 그런데 이 돈은 중국거래선과 연계된 출처가 비교적 분명한 돈이었지만 '국가가 이 돈을 통째로 저금을 시켰다'(PS-18). 즉 국가가 사민의 적지 않은 개인재산을 사실상 무상몰수한 셈이었다.

③ 한 특수단위의 해외지사장으로 장기간 근무한 무역일꾼은 1997년경에 소환되어 들어올 때 상당히 많은 액수의 달러를 밀반입해 와서 불법적으로 축장했다고 한다.29) 이 사람은 귀국한 뒤에 어떤 중앙행정기관에 근무하는 친척에게 이 돈의 일부를 빌려주었다고 한다. 그런데 이 친척이 돈 관리를 잘못하는 통에 보위사령부가 이 돈의 출처를 추적하게 되고, 결국 이 무역일꾼은 일종의 국가공금 횡령죄로 피체되어 처형되었다고 한다(RA2).

위 ①, ②의 일화는 앞에서 본 경제적 상층가구들의 사적 부문 시장화를 매개로 한 개인재산 증식이나 화폐축장이 정치적 신분체계에 기초한 국가의 지배권력에 의해 어떤 식으로 제약되고, 또 제압될 수 있는지를 보여준다. 이 일화들의 상황적 조건에서는 국가권력의 (사법적) 사정권 안에 들어온 정치적 신분체계의 하층 또는 중간층 가구의 비공식적 연결망자원이 무력화되는 것을 어렵지 않게 짐작할 수 있다. 이 경우 혈연적 연결망자원도 해당 가구나 개인을 보호하는 데에는 한계가 있을 수밖에 없다.

위 ③의 일화는 이 글에서 사례로 검토할 수가 없는, 정치적 신분체계의 상층 구성원에 의한 비법적인 개인재산 축장이 적발될 경우 해당 가구나 개인의 '정치적 생명'의 제거뿐만 아니라 물리적 절멸까지도 초래할 수 있다는 것을 보여준다. 이 일화와 같은 지배엘리트의 개인재

---

29) 이 사건이 발생했을 당시에 주변 사람들 사이에는 그가 '1천만 달러를 모처에 예금하고 있었다'는 소문이 돌았다고 한다. 당연한 것이지만 특별한 경우가 아니면 이런 '사건'은 정치적 신분이나 공식직급이 유사한 집단 내에서만 '소리 없이' 알려진다.

산 불법은닉죄에 대한 처벌방식은 고급 무역·행정일꾼에만 한정되지 않는다. 1990년대 말 보위사령부는 사리원시당 책임비서를 내사하여 그가 금 4kg을 불법 은닉한 것을 적발했다고 한다. 또 개천시 안전국장도 금 8kg을 불법 은닉한 것을 적발했다고 한다. 해당 책임비서는 종파로 몰려 책벌을 받고, 안전국장은 교화형을 받고 복역했다(RA5).

이 일화는 정치적 신분체계의 상층 핵심인자까지도 세칭 '당자금'으로 알려져 있는 최고권력자의 '혁명자금'에 귀속되어야 할 국가재산을 횡령한 것이 드러날 경우에는 가차없이 처벌될 수 있다는 것을 보여준다. 그런데 북한에서 주택과 같은 집합적 소비재의 사용권이나 일상적인 소모성 소비물자, 또는 소액의 가구보유 현금 등과 같은 공식적인 의미의 '개인재산'을 제외하고는 국가재산이 대부분일 것이다. 그렇다면 적어도 현재는 사적 부문의 비공식적 시장화를 매개로 한 불법적이면서도 실질적인 개인재산 증식이 지닐 수 있는 체제이행 동력의 형성은 제약될 수밖에 없다.

4. 맺음말

1990년대 말 이후 북한 주요 도시들에서 당국의 억압적인 정책에도 불구하고 급속하게 진척된 시장화에 수반된 경제적 계층분화의 체제이행론적 의의를 규명하고자 한 이 글에서는 몇 가지 점을 확인할 수 있었다.

첫째, 현재 북한의 사회적 불평등체계는 기존 정치적 신분체계와 시장화에 추동되는 경제적 불평등체계가 부분적으로 중첩되어 있는 과도기적 양상을 지니고 있다. 두 가지 불평등체계가 부분적으로 '중첩'되어 있다는 것은 외견상 공적 부문과 사적 부문이 각기 정치적 신분체계와 경제적 불평등체계에 의해 지배되는 것처럼 보이는 것과 달리 실제로는 상당히 밀접하게 연관되어 있는 것을 뜻한다.

둘째, 두 불평등체계의 밀접한 내적 연관성은 도시가구들의 계층체계 간 '계층적 위치의 이동'[두 가지 계층적 위치의 동시간대적 차자(positioning)]이 정치적 신분체계에 의해 개별가구 간에 불평등하게 배분된 비공식적 연결망자원을 매개로 해서 규정되는 경향이 강하다는 데에서 확인할 수 있다. 정치적 신분체계의 최하층·하층가구로 내려갈수록 일반적으로 사적 부문의 시장경제활동에 도움이 될 만한 비공식적 연결망자원이 별로 없는 반면에, 중간층가구로 올라올수록 유력한 비공식적 연결망자원을 갖고 있다고 볼 수 있다.

셋째, 비공식적 연결망자원, 특히 혈연적 연결망자원이 강력할수록 사적 부문의 시장경제활동을 통해 개인재산을 증식하여 경제적 상층에 진입하기가 더 쉽다. 그러므로 강력한 비공식적 연결망자원을 동원하는 데, 정치적 신분체계상 하층이나 최하층에 비해 단연 유리한 중간층 이상이 경제적 상층가구의 다수를 구성한다고 볼 수 있다. 그렇지만 사적 부문의 시장화 진척에 따른 경제적 계층분화와 그에 따른 경제적 상층의 형성이 정치적 신분체계에 기반을 둔 기존 지배질서를 공세적으로 잠식해나간다고 평가할 수는 없다. 정치적 신분체계의 중·하층 지위에서 경제적 상층의 지위에 오른 가구들이 이 지위를 안정적으로 유지하기 위해서는 정치적 신분체계의 상층 이상에 위치한 '비시장적'이거나 '반시장적'일 수도 있는 '후견자'들의 비공식적 연결망에 의한 보호가 필수적이기 때문이다.

넷째, 사적 부문의 시장화에 따라 형성된 경제적 중·상층가구들에 의한 비공식적 연결망의 구축과 동원은 사적 부문에서 생산된 경제적 잉여의 일부가 정치적 신분체계의 상층에게 일종의 경제 외적 강제(공적 부문 지배엘리트의 직권남용과 부패)에 의해 이전되는 통로나 다름 아니다. 정치적 신분체계의 상층은 사적 부문의 비공식적 시장화와 경제적 계층분화과정에 경제적 잉여의 생산적 참여자가 아닌 약탈적 소비자의 입장에서 기생적으로 의존하고 있는 셈이다. 본문에 제시된 세 번째 일화가 시사해주듯이, 정치적 신분체계의 상층에 상대적으로 집중되어 있는 외화 개인재산은 현재의 지배권력체제 하에서 대체로 축장화폐로 존재할 뿐, 증식을 위해 사적 부문에 '투자'되는 경우가 별로 없다. 이런 점들에 비춰보더라도 사적 부문의 비공식적 시장화와 경제적 계층분화는 현 국면에서 북한 체제이행의 적극적인 동력을 이끌어내기에는 역부족이다.

물론 이 글에서 다루지는 않았지만 사적 부문에서 시장적 관계의 전면적 확산에 따른 '화폐권력'에 대한 숭배, 또는 법적·개념적 모호성에도 불구하고 개인재산과 구분되는 사유재산권의 물질성에 대한 사회적 인식의 확산 등이 함축하는 바에 대해서도 온당한 주의가 필요하다.

<부표> 피면접자 기초 인적사항

본문 코드	성별	연령대	직업	면접일
A1	남	40대	사업소 지도원	2003년 11월
A3	여	30대	부양. 천 도매장사	2003년 12월
A4	여	40대	부양. 가내 의류가공	2004년 2월
A5	남	40대	노동자. '중기'장사	2004년 7월
B2	남	40대	외화벌이 지도원	2004년 11월
B3	여	50대	노동자	2004년 11월
B4	여	40대	부양. 가내 의류가공	2004년 11월
B5	여	40대	부양. 장마당 장사	2005년 1월
B6	남	40대	사업소 운전수	2004년 12월
B8	여	30대	부양. 세포비서	2004년 12월
C1, C1-1	남	50대	외화벌이 지도원	2005년 5월
C2, C2-1, C2-2	남	40대	외화벌이 지도원	2005년 5월
C3, C3-1	남	40대	중간행정간부	2005년 5월
C4	남	40대	노동자. 소규모 밀수	2005년 5월
D2	남	40대	후방공급 지도원	2005년 6월
RA1	남	30대	외화벌이 지도원	2005년 11월
RA2	여	40대	부양	2006년 7월
RA3	남	40대	외화벌이 지도원	2006년 8월
RA4, RA4-1	남	40대	자재인수원	2007년 5월
RA5	남	50대	외화벌이	2007년 6월

비고: 피면접자들의 개인신상 보호를 위해 개별 인적사항을 약식으로 처리함.

참고문헌

1. 국내문헌

김병로·김성철. 1998. 『북한사회의 불평등 구조와 정치사회적 함의』. 서울: 민족통일연구원

박승민·배진영. 2007. "북한사회안전부 주민등록사업참고서". ≪월간조선≫. 2007. 7.

서재진. 1996. 『북한사회의 계급갈등 연구』. 서울: 민족통일연구원

정우권. 2004. 「1990년대 북한 주민생활보장제도와 도시 계층구조 재편」. ≪현대북한연구≫, 7권 2호.

최봉대. 2005. 「계층구조와 주민의식 변화」. 『1990년대 이후 북한사회 변화』. 서울: 한국방송공사.

2. 서양문헌

Andorka, Rudolf . 1997. "Social Mobility in Hungary since the Second World War: Interpretations through Surveys and through Families Histories." in D. Bertaux and P. Thompson(eds.). *Pathways to social class: A Qualitative approach to social mobility.* Oxford: Clarendon Press

Atanassov, A. et al. 1996. "Socially Vulnerable Groups During the Transition to a Market Economy." in J. Coenen-Huther(ed.). *Bulgaria at the crossroads.* Commack, NY: Nova Science Publishers.

Völker, Beate and Flap, Henk. 1999. "Getting Ahead in the GDR: Social Capital and Status Attainment under Communism." *Acta Sociologica*, Vol. 42, No. 11.

Bertaux, Daniel. 1997. "Transmission in Extreme Situations: Russian Families Expropriated by the October Revolution." in D. Bertaux and P. Thompson(eds.). *Pathways to social class: A Qualitative approach to social mobility*. Oxford: Clarendon Press.

Bodnar, Judit and Borocz, Jozsef. 1998. "Housing Advantages for the Better-Connected?: Institutional Segmentation, Settlement Type and Social Network Effects in Hungary's Late." *Social Forces*, Vol. 76, No. 4.

Hanley, Eric. 2000. "Cadre Capitalism in Hungary and Poland: Property Accumulation among Communist-Era Elites." *East European Politics and Societies*, Vol. 14, No. 1.

Nee, Victor and Cao, Yang. 2002. "Postsocialist Inequalities: The Causes of Continuity and Discontinuity." in Kevin T. Leicht(ed.). *The Future of Market Transition*. Amsterdam: JAI.

Akos Rona-Tas. 1994. "The First Shall Be Last? Entrepreneurship and Communist Cadres in the Transition from Socialism." *American Journal of Sociology*, Vol. 100, No. 1.

Staniszkis, Jadwiga. 1991. ""Political Capitalism" in Poland." *East European Politics and Societies,* Vol. 5, No. 1.

Verdery, Katherine. 2004. "The Property Regime of Socialism." *Conservation and Society*, Vol. 2, No. 1.

Yanjie, Bian and Logan, John R.. 1996. "Market Transition and the Persistence of Power: The Changing Stratification System in Urban China." *American Sociological Review*, Vol. 61, No. 5.

제3장

북한 주민의 사적 욕망

| 최완규 · 노귀남 |

1. 서론

북한 사람들의 일상생활을 미시적으로 이해하기 위해, 개인의 내면 세계도 주요한 연구대상이 된다. 여기서 다룰 사적(私的) 욕망은 북한 사회에서 정치노선에 따라 요구하는 혁명적 인간형과는 거리를 두고, 경제난 이후 사적 영역(private sphere)의 확산과 관련해서 나타나는 개인의 욕망을 말한다. 인간은 '욕망하는 존재(Homo Desidero)'라는 측면에서 보면, 존재의 이유, 행위의 동인(動因)은 욕망에서 찾아진다.[1] 이 논

---

[1] 심리학자 매슬로우(A. H. Maslow, 1908~1970)는 욕망을 생리적 욕구, 안전에 대한 욕구, 애정과 소속에 대한 욕구, 자존감의 욕구, 자아실현의 욕구 등 5단계로 나눠서 설명한다. 1~4단계는 '결핍욕구'로 인간이 살아가는 데 필요한 기본적 욕구로 결핍해소 또는 긴장완화를 추구한다. 5단계의 자아실현이라는 '성장욕구'는 일시적인 해소가 아니라 더 큰 성취를 위해

문에서는 인간행위를 불러내는 욕망을 심리학적으로 접근하지 않고, 사랑, 출세 등 개인의 욕망을 사회적 관계 속에서 어떻게 표출하고 자기를 실현하는지를 반영한 '인간 모습'에 초점을 두고자 한다.

트로츠키(Lev Davidovich Bronstein)는 『배반당한 혁명』(1936)에서 사회주의가 이름값을 하려면 탐욕이 개입되지 않는 인간관계, 시기와 술책이 없는 우정, 저속한 계산이 없는 사랑이 실현되어야 하지만, 실제로는 소련 관료집단 내에서 권력과 돈이 이성 관계에 미치는 행위가 흔하다고 문제를 제기한 바 있다. 이와 유사하게 북한에서 개인의 욕망을 극도로 억압하고, 공산주의 품성을 강조한 이상적 인간형을 교양해 왔지만, 사적 욕망이 분출하는 비사회주의적인 군상을 없앨 수 없었다. 게다가 경제난 이후로는 기존 법과 질서가 무너지고 사적 욕망의 행위가 더욱 늘어났다.

그런 측면에서 현실에는 양면성이 있고, 대상에는 보이는 것과 보이지 않는 것이 있다. 그 둘의 사이에는 상호영향을 미치는 어떤 맥락이 있어 대상을 규정하게 한다. 사회를 이해하기 위해 그 속에 사는 개인의 생각과 의식까지 파악할 때, 사회 변화의 역동성을 보다 깊이 이해할 것이다. 그래서 북한연구에서 개인과 사회의 심층적 이해를 위해 이제 비공식적이고 사적인 영역에서 삶의 모습이나 사람들의 내면세계까지 발전된 연구를 필요로 하고 있다. 정치·경제적인 이해의 고리는 타산에 의해 쉽게 무너지지만, 인간적이고 문화적인 이해는 다층적인 관계와 교류의 깊이를 더할 수 있기 때문에, 이러한 연구는 남북관계의

더 높은 긴장을 즐기는 최고수준의 욕구이다. 김경훈, 『대한민국 욕망의 지도』(서울: 위즈덤하우스, 2006), 45~50쪽 참조 재인용.

발전을 위해 절실한 문제가 된다.

지금까지 북한 문예연구에서 '욕망의 사회적 실현'이라는 코드로 문학과 사회를 아우르는 연구는 거의 없었다. 그것은 북한 문예작품이 개인의 문제를 내면세계로 깊게 파고들어 쓰는 경우가 드물어서, '욕망'의 문제를 정면으로 다루기가 어렵기 때문이다.

하지만 작품의 문면에 바로 드러나지 않지만 숨겨진 의미를 찾아냄으로써 작품 내면의 욕망을 읽을 수 있다. 오영재 시인이 겪은 2000년 8·15 이산가족 서울 방문의 기쁨과 충격은 시로 쓸 수 없었지만, 장기수북송을 소재로 한 연작시「아쉬워도 보람 있는 삶— 한 비전향장기수에게」(≪조선문학≫, 2001. 5)를 발표했다. 시인이 체험을 간접적으로 투영하여 비전향장기수를 형상한 의미를 포착할 때, 삶의 심층의미를 읽을 수 있다. 또 예를 들면, 일기 형식의 1인칭 소설인 한웅빈의 「스물한발의 <포성> — 안변청년발전소 군인건설자의 일기중에서」(≪조선문학≫, 2001. 4~6.)가 있다. 모두 3장으로 구성되어 있는데, 2장까지만 보면 주인공 '나'(박철)가 투철한 혁명적 군인정신이 무엇인지 깨닫는, 사상혁명 중심의 주제가 되었을 것이다. 그런데 3장의 대단원에 가서 전체를 다시 보면, 주인공이 소대장 전호진으로 바뀐다고 볼 수 있다. 그렇다면 소설의 시점은 1인칭 관찰자 시점이 되는 셈이다. 이와 같은 반전의 작품구성은 주제(theme)의 폭을 넓혀 다양하게 해석할 수 있게 하고, 작품 이면의 욕망을 징후적으로 읽을 수 있게 된다. 소위 이것은 바흐친(Mikhail Mikhailovich Bakhtin 1895~1975)이 말하는 소설에서 '시각의 잉여'로, 작품 속 화자보다 더 많이 보는 청자의 눈을 염두에 둠을 뜻한다.

현실에서는 직설할 수 없는 생각과 욕망은 간접적으로 표출할 수밖에 없고, 개인의 욕망은 살아 있다는 일차적 징후가 된다. 개인이 무엇을 간절히 바라는지 내면을 읽어낸다면, 북한과 같이 집단주의에 입각하여 계획한 사회가 '계획하지 않은' 사회로 변화를 일으킬 수 있는 요소들이 어디에 있는지 추론할 수 있다. 개인보다는 집단을 중요시하는 사회에서 개인의 사적 욕망의 내면세계는 더욱 억압될 수밖에 없다. 북한 작품에서 사랑의 욕망은 사회정치적인 미덕으로 포장되어, '정제된 사랑'만 보여주고 교양한다. 또한 사건은 미해결로 남겨두지도 않는다. 이 닫힌 구도 속에 나오는 완결의 모델(전형)들은 실패와 좌절, 부정적인 것, 삶의 찌꺼기 같은 복잡하고 미묘한 개인 욕망의 이미지들을 거세한다. 그 반면에 성공적·긍정적 모델의 열정 속에는 개인의 사회적 실현 욕망이 편승해 있을 수 있다. 그래서 사사로운 것과 정치적인 것은 상호관계 속에 놓여 있다. 또한 일상생활의 관계들에서 '말해진 것'은 '말해지지 않는 것'에도 기반을 두고 있는 것이다.

이런 측면에서 텍스트에서 드러나거나 숨겨져 있거나 그와 같은 욕망의 편린들을 포착하여, 그 사회적 의미를 그려보는 것이 이 연구의 목적이다. 본론 중 제2장은 사회상을 반영하는 욕망을 유형적으로 고찰하고, 제3장은 욕망을 통해 사회 전체의 변동 가능성을 진단하여 새로운 각도에서 사회변화의 의미를 찾아볼 것이다. 북한은 아직 닫혀 있는 사회지만, 변화와 역동성은 항상 열려 있는 것이다. 어떻게 변화할지 모르는 북한 사회를 보는 방편으로서, 그와 같은 심층적 텍스트 분석은 북한 이해의 지평을 넓히는 계기가 될 것이다. 여기서 다룰 작품의 시기는 김일성 사후의 김정일 시대이며, 북한 작품의 특성상 표출하지 않는 이야기들을 보완하기 위해 텍스트 자체의 분석과 면접조사도 함께 진행할 것이다.[2]

2. 욕망 유형과 사회상

지라르(Girard, Jean-Baptiste)의 '욕망의 이론'은 주체가 성취하고자 하는 대상과의 사이에는 동기를 유발하는 매개자(매개항)가 있어 삼각형 구도를 이루고 있다. 이 경우 욕망은, 프로이트가 말한 이드(the id)와 같은 내면 에너지의 충동으로만 보지 않고, 사회적 관계에서 구성된다.

욕망(慾望, desire)은 주체와 대상 사이의 결핍[欠]을 바라고[望] 구하는 [求] 과정에서 벌어지는 인간의 행위이다. 욕(慾 또는 欲)의 미세한 갈피들[谷]은 사회적 관계에서 동기가 만들어지고 자가 발전적으로 증폭되어 그것이 밖으로 분출하는 행위를 낳는다.

여기서 가설적으로 욕망을 표출함에 있어서 북한의 정치 및 사회 현실과 무관할 수 없다는 측면에서 유형화하였다. 동시에 상황의 변화에 따라 욕망의 새로운 흐름이 생겨남을 염두에 두었다. 북한의 현실은 경제난 이후 배급제 등 기존의 국가 기능이 무너지고 생존 문제를 개인이 책임져야 하는 상황 속에서 장마당을 통해 자생적 시장경제가 형성되고 여러 측면에서 체제 변동의 요인들이 발생하고 있다. 하지만 여전히 북한은 인간개조까지 정치노선으로 삼고 있는 혁명적 이념지향 국가이다. 현 시점에도 기존의 정치기제가 선군혁명을 모토로 한 사상과 이념을 통해 개인의 사적 영역을 통제하려고 한다. 그렇지만 사적 욕망은 집단주의와 어떤 형태로든 길항작용(拮抗作用)을 하고 집단과 타협 또는 변화를 일으키는 힘으로 된다. 다시 말해 사적 욕망의 흐름이

---

2) 본 연구과제 이외에 연구자가 직접 북한대학원대학교에서 실시한 집중 면접 총 26회와 함께, 3차에 걸친 조-중 접경지역 현장조사(2006~2007년)에 의한 자료를 반영한다.

북한 사회변화에 어떤 작용을 하는지 뒤집어 고찰할 수 있다.

이러한 현실과의 관계 속에서 출세와 생존을 위한 욕망을 정치 지향형·기술 전문가형·생존 경제형 등 세 가지 전형으로 유형화하였다.[3] 작중 인물이 결핍된 것을 향한 지향적 행동에서 모델로 하는 매개항을 분석할 때, 사적 욕망을 표출하는 주요 요소들이 명분과 이념 지향적인 것인지 물질 지향적인 것인지, 그 주류적 향방과 이면의 성격을 살펴볼 것이다.

특히 북한사회변화의 핵심에 이념과 돈(경제)은 이율배반적으로 작용하는 측면이 있다. 북한은 변화의 바람을 현실로 수용하면서도 '모기장론'과 같은 체제안전망을 만들기 위해 사상투쟁을 강화했다. 이념은 기존 정치체제를 수호하느냐, 돈은 집단주의를 와해시키고 새로운 경제 흐름을 만들어 세계시장 속에 편입되느냐를 결정하는 체제 변혁의 가능성과 성격을 가늠하게 한다.

1) 정치 지향형

북한이 여느 사회주의권과 다른 '특수성'을 말하면, 당과 행정조직

---

[3] 전형론은 문학사회학의 주요한 방법론이다. 루카치가 말한 전형성은 역사적인 '지금 여기' 현상들을 말해주는 '개별자'와 사회현실을 총체적 범위로 꿰어보는 '보편자'를 가장 잘 매개해주는 요소들, 예를 들면 행동, 상황, 인물 등을 규정하는 개념이다. 전형성을 창조함으로써, 어떤 구체적인 인간들의 운명 속에서 그들이 속해 있는 특정 시대, 국가, 계급 등을 가장 잘 표출하는 '어떤 역사적 상황의 가장 중요한 특징'을 구현시킨다는 것이다. 위에서 분류한 유형은 자의적이지만, 체제위기 속의 생존방식과 관련하여 면접을 통해 빈번하게 나타나는 유형들을 뽑은 것이다.

에 의한 집단주의가 주요 요인이 된다. 한때, 일등 신랑감은 '군당지도원'이라 했고,4) 사람들은 당원 자격을 보증수표처럼 생각하여 관료를 선망하는 쪽으로 출세의 길을 삼았다. 그만큼 북한의 사회구조가 노동자계급 위에 군림하는 지배계층의 모순이 많아지고, 그것은 비공식 영역이 만들어지는 틈이 되었다.5)

거기에 북한의 체제적 모순이 있는데, 그것을 단순히 간부들의 문제로 호도한 작품 『영생』을 보자. 이것은 수령영생주의로써 김정일 시대 모순들을 정당화한다. 외교일꾼 문선규는 김일성, 김정일의 판단을 넘어서지 않는다. 그는 수령과 지도자의 마음을 잘 읽어내고 그에 일치하는 의견 속에서 핵문제와 관련한 국제정세를 파악하면서 1994년 6월 카터(James Earl Carter)의 방북을 준비했다. 또, 정무원 총리는 경제사업이 안 되는 원인이 '적들의 경제적 봉쇄나 군사적 공세'에도 있지만 '간부들의 정신상태'에 걸려 있다고, 간부들이 문제라고 보았다. 정무원 책임제, 중심제에 대해 강조해왔으나, 정무원 책임일꾼들은 그것을 무겁게 받아들이지 않고, 구태의연히 사업을 하고 있다는 것이다. 그래서 그는 나라의 경제문제를 풀기 위한 '경제부문 책임일꾼협의회'를 소집하여 김일성이 직접 지도해주면 경제에서 근본적인 변화가 일어날 것이라고 확신했다.6)

이처럼 고위급은 '수령님'만 바라보고 있으면서 실책은 중간 간부들 문제로 돌린다. 이런 가운데 권력 지향 인간들의 욕망은 권력을 이용해

---

4) 임순희, 『북한 여성의 삶』(서울: 해냄, 2006), 30쪽.
5) 한 사람의 노동자 위에 놀고먹는 사람이 20~30명이 된다: 한○○ 개별면접(2007. 4. 20.).
6) 백보흠·송상원, 『영생』(평양: 문학예술출판사, 1997), 302쪽.

자기 삶의 발판을 만들고자 한다.

한웅빈의 「스물한발의 <포성> — 안변청년발전소 군인건설자의 일기중에서」를 살펴보자. 식량과 에너지는 북한 고난의 현주소이기에, 발전소 건설은 시대를 가장 사실주의로 그려낼 수 있는 주요 현안이 된다. 이때, 과거 혁명적 건설과 차별은 어디에 있을까? 작가는 「군대는 사민(私民)과 어떻게 다른가」로 이 질문에 대답했다.

"동문 군대요, 사민이요?"라고 성난 소대장이 물었을 때, 박철은 "군댑니다!"라고 씩씩하게 외쳤다. 그런데 소대장은 박철을 비난하며 군대와 사민의 다른 점을 되물었다.

> 병사는 전투를 위하여 산다. 그러니 이것이 사민과 다른 점이라는 것일가. …(중략)… 사민들도 일을 한다. 그리고 자기들이 하는 일을 전투라고 부른다. '70일 전투', '100일 전투', '200일 전투'…… 좀 많은가. 그들이 하는 일도 어버이수령님의 유훈관철이며……

박철은 답할 수 없었다. 대신, 작가는 몇 가지 사건과 다른 등장인물들의 행동을 통해서 보여준다. 난공사를 악조건 속에서도 해낸 것을 사령관이 직접 보고, "역시 군대가 군대야"라고 말한다. 그것을 보며, 박철은 군대의 참모습을 직접 경험하는 세계로 들어간다. 물길굴공사가 막장에 이르렀는데 자재가 보장되지 못했다. 소대장은 침목으로 레루길을 만들게 하여 버럭을 실어 나르는데, 또 다시 양수기가 고장 나는 돌발 사태가 벌어진다. 막장은 온통 물이 차오르는 극한상황에서 과업을 완수했다. 여기서 보면, 최고의 군인정신으로 말한 정치적 이념을 매개로 해서 개인은 맞춤형 인간으로 추동된다. 욕망의 정치적 왜곡인 셈이다.

하지만 그런 내용보다 구성을 심층 분석하면, 작가의 내적 요구, 즉 주제를 다른 방식으로 말하고 싶어 한다. 이 작품은 「군대는 사민과 어떻게 다른가」, 「군대의 철학」, 「스물한발의 <포성>」 등 3장으로 이뤄진 일기 형식의 1인칭 소설이다. 제2장까지만 보면, 이 소설은 주인공 '나'가 투철한 혁명적 군인정신을 깨닫는, 소위 사상혁명성을 주제로 한다. 그런데 제3장의 대단원에 가서 보면, 주인공이 발전소 건설 지휘자인 소대장 전호진임을 비로소 드러낸다. 이렇게 다시 읽으면, 소설의 시점은 1인칭 관찰자 시점이 되는 셈이다. 작가는 주제를 복선으로만 암시하다가, 마지막에 급반전시켜 강렬한 메시지로 전달하는 수법을 썼다. 이로써 구성에서 일종의 돈증법(頓增法)과 같은 효과를 불러일으킨다.

제3장 「스물한발의 <포성>」에서 소대장은 모범이 되는 군인으로 전형적인 영웅으로 그려진다. 매사에 날카로워 면도칼이란 별명이 붙고, 소대 전체가 장령이 될 사람으로 인정한다. 상등병이 소대장동지처럼 되었으면 좋겠다고 한다. 그러나 "조선인민군은 오직 최고사령관동지만을 닮아야 한다".[7] 분대장은 소대장의 수첩을 슬며시 본 이야기를 꺼내며, 소대장이야말로 가장 최고사령관을 닮았으므로 그를 닮는 게

---

7) '최고사령관'만 닮아야 한다는 '수령' 모델은 유일사상체계 확립을 위한 핵심문제이다. 이를 위반하면 '혁명화'의 대상이 되어 책벌을 받기 때문에, '혁명화'에 걸리는 것을 북한 사람들이 가장 싫어하고 두려워한다. 따라서 "소대장동지처럼 되었으면 좋겠다"는 의미를 작가가 재해명하는 장치를 빼놓지 않았다. 혁명화와 관련해서는 공영길 취재, 최진이 정리, 「"제18호 관리소"의 흑막(제1회)」, ≪림진강≫, 제2호(2008. 3.), 16쪽 참조.

그른 것이 아니라고 주장한다. 수첩에 소대장이 쓴 결의 중에, "나는 이제는 조선인민군 군관이다. 경애하는 최고사령관동지의 군대, 당의 군대의 지휘관이다. 내가 대원들에게서 사랑과 존경을 받는 지휘관이 될 수 있는가. 되지 못할지도 모른다.…… 그러나 나는 한 가지만은 확신한다"까지만 보았던 것이다.

박철은 그 한 가지의 확신이 무엇인지 계속 생각하게 된다. 그것은, 막장에서 버럭을 실은 광차들이 쇠밧줄이 끊어져 경사길로 질주하는 사고가 일어나자, 소대장이 온몸을 던져 위기를 막다가 장렬하게 죽은 뒤에야 비로소 알 수 있었다. 박철이 미처 보지 못했던 기록은 "나는…… 한 가지만은 확신한다. 나의 생명은 오직 하나, 위대한 장군님을 위하여…… 조국을 위하여…… 가장 신성하고 아름다운 것에 바치기 위하여…… 있다는 것"으로 밝혀진다.

그런데 소대장이 죽음으로써 발견하게 된 생명의 의미는 박철에게 전혀 다른 차원으로 각인되었다. 군대가 전위가 되어 당이 요구하는 대로 하면, "죽으나 사나 나는 경애하는 최고사령관동지의 전사"에 머무른다. 여기에 "가장 신성하고 아름다운 것에 바치기 위하여…… 있다는 것"을 덧붙임으로써, 소대장의 전형은 "신성하고 아름다움"을 말하는 보편적인 의미로 확장된다. 이 반전에서 작가가 말하는 것은 시점상의 전략에 숨겨져 있다.

아, 그러니 그에게서는 우리가 가장 신성하고 아름다운 것, 조국이였단 말인가. 버럭물에 젖고 돌가루를 뒤집어 쓴 키다리 분대장이, 둥글둥글한 말주변 없는 강정회상등병이, 버럭물에 얼룩져 어슷비슷해 보이는 구대원들이 그리고 내가…… 정녕 가장 신성한 것이였단 말인가.

여기서 1인칭 시점이냐, 1인칭 관찰자 시점이냐에 따라, 주인공과 주제를 달리 볼 수 있게 한다. 1인칭 관찰자 시점에서 보면 "죽으나 사나" 장군님과 조국 하나에 매달리던 이념을 관찰자를 포함한 '우리의 삶'이라는 보편적인 가치를 향해 열어놓게 한다.

따라서 죽으나 사나 하나에 집착하던 '이념'에서 자유로워진다. 바로 병사 한 사람의 생명이 신성한 존재로 되었다. 최고사령관을 가장 닮은 소대장의 면도날같이 엄격한 전형성이 병사들 가슴마다 안겨들어 "병사들을 닮은 얼굴"로 변화할 수 있는 유연함으로 이념의 경직성을 씻어내린다.

여기에 담긴 작가의 욕망은 권력의 공적 담론 이외에 새로운 틈새를 만들려고 한다. 작가는 당과 '영원한 동행자'로 권력으로부터 자유로울 수 없지만,[8] 맹종하는 충성에서 벗어나고자 하는 보이지 않는 갈등이 있다. 다시 말해 집단의 이념에 거세당한 개개인의 삶에 대한 문제의식이 있다. 이것은 바로 작가의 현실 비판적 글쓰기 욕망이기도 하다.

쓰자! 써내야 한다!
그러니 다부작 장편소설 <력사의 대결>은 나의 어린시절부터 시작된 셈이다.
나의 열망은 위대한 수령님의 조국통일의 숭고한 뜻을 받들어 싸운 우리 주인공들인 원형인물들의 생사를 접하면서 현실적인 것으로 굳어졌다. …… 작가는 자기의 주장, 자기의 감정, 자기의 리상을 체현시킬

---

[8] 노귀남, 「체제위기 속의 북한문학의 대응과 변화」, ≪민족문화논총≫, 제29집(2004. 6.), 7~11쪽.

수 있는 전형적인 성격을 발견하게 될 때 비상한 창작적령감에 휩싸이게 되며 번뜩이는 환상에 끌려 붓대를 달리게 된다.

…… 써내고 말 것이다. 욕망도 욕심도 컸다. …… 우리의 통일운동에 경험도 주고 교훈도 주고 정치도 철학도 있고 눈물도 웃음도 있는 특색 있는 작품을 내놓자.

…… 나는 이렇게 한껏 욕심을 부려보았다.9)

이처럼 북한에서 작가가 드러내놓는 욕망은 정치지향형의 이념일 수밖에 없다. "창작적 대담성은 주관적 욕망에 의해서가 아니라 위대한 수령님과 당의 사상을 신념으로 체득한 작가에게서만이 발양될 수 있는 것"10)을 누누이 강조한 것은, 작가의 주관적 욕망에 의한 글쓰기의 한계를 창작지도일꾼의 기술적 지도를 통해 극복하도록 했던 김정일의 지시와 같은 맥락에 있다.11)

그렇지만 작가는 정치현실에 대한 비판을 간접으로 쓰려는 욕망을 가진다. 그래서 작품 이면을 징후적으로 해석할 필요가 있다. 최치성의 「인생의 한여름에」(≪조선문학≫, 2006. 6.)는 권력에 대한 비판과 함께 사적 유용과 다양한 욕망의 양상을 보여준다. 여기서 2002년 7·1 조치 이후 공장·기업소·기관 등 각 단위별로 어떻게 '생존 경제'를 꾸리고

---

9) 허문길, 「욕망, 고민, 교훈……: 다부작장편소설 <력사의 대결>을 창작하고」, ≪조선문학≫(2006. 4.), 73~74쪽.
10) 편집부, 「(머리말) 당의 사상과 의도를 높이 받들고 문제성 있는 문학작품을 대담하게 창작하자」, ≪조선문학≫(1983. 4.), 4쪽.
11) 김정일, 「우리 식의 혁명적영화창조체계를 철저히 세울 데 대하여: 영화부문 일군들과 한 담화 1971년 4월 28일」, 『김정일선집 2』(평양: 조선로동당출판사, 1993), 238~252쪽.

있는지 엿볼 수 있다. 현재 북한은 국가가 자원과 식량을 배분하던 일이 마비된 상태에서 개별경제주체가 '시장'을 통해 먹고살아야 하는 상황이다. 이에 따라, '자력갱생'이나 '실리주의' 구호는 단위별로 이뤄지는 생존의 경제행위를 변명하는 말로 사용된다. 다시 말해, 변화된 경제활동으로 인해 개인과 소집단이 유일체계 속의 국가로부터 상대적으로 자유로워지고 이때 국가를 위한 자력갱생 국가를 위한 실리주의는 한갓 구호에 지나지 않게 된다.

「인생의 한여름에」에서 전임과 신임의 '성 무역국'[12] 국장이 등장한다. 두 사람에 대한 평가는 '실리주의'가 어떤 방향으로 흐르고 있는지 보여준다.

전임 국장 김유진(60대)은 젊어서 한때 선장을 했던 사람으로 미완의 업적을 남기고 직장을 떠났다. 무역국은 지난 10여 년 동안 '제국주의자들의 악랄한 반공화국책동'으로 인해 무역과 운영에 애로가 많았고, 그 영향으로 사업 실적이 제로 상태로 떨어지고 전례 없는 시련을 겪었다. 그때 김유진은 자체적으로 자립하는 길을 찾아내야 했다.

김유진은 몇 해 전에 "가치 있는 수출원천"을 찾아, 유리한 계약을 성사시켰다. 이로써 재정형편이 피고 운영에도 활기가 돌아, 마침내 실적그래프가 "상승선"을 그리게 되었다. 이렇게 잘나갈 때 갑자기 사직서를 내고, 젊은 손경후를 후임으로 추천했다.

손경후(40대)는 인민경제대학 재교육을 마감하고 있던 차에 김유진의 추천으로 신임 국장이 되었다. 뜻밖에 "과분한 임명"을 받은 손경

---

12) 북한 내각의 36개 부서 중에 29개 성이 있는데, 여기서 '무역성'이라고 밝히지 않은 것은 각 단위별로 외화벌이가 되고 있음을 말해준다.

후는 두려움을 안고 있었다. 업무 인수를 받는 날, 김유진의 애장품인 모형 나무배를 국장실에 그대로 두고 가겠다고 했다. 이름 있는 목각예술가 작품으로 닻이 없는 '미완성품'이다. 현실을 상징하듯 닻이 없어 안착이 불가능한 배가 어디로 떠돌고 있는 것인가?

손경후는 높은 실적을 쌓고자 하는 실력 중심의 욕심이 있었다. 먼저, 국 내부의 기구를 정리하는 문제를 생각했다. 현재의 관리업무에 비해 인적 지표는 초과된 상태지만 해결하기가 쉽지 않은 문제였다. 그런데 생각지도 못한 일이 터졌다. '선광공업연구소'의 공학연구사 허진숙에게서 한 통의 편지가 왔다. 편지에는, 득평광산에서 94% 선광공정을 거친 수만 톤의 미광이 쌓여 있는데, 그것이 보기에는 버럭에 지나지 않지만, 합성첨가제 'MV'를 추출해낼 수 있다는 것이다. 이 합성첨가제는 적은 양으로도 물질의 결정구조를 변화시켜 질 좋은 제품을 생산할 수 있는 것이라, 한 톤에서 추출된 첨가제는 미광 톤당 가격과 비교할 때 100배의 가격이 된다. 현재 이론적으로 담보된 상태에서 연구시험 중인데, 실무 책임자인 남태설에게 연구내용을 알려주고 수출을 중지할 것을 요구했다. 지금도 많은 양의 미광이 실려나가고 있고, 이것은 불과 한두 해 동안 무역국이 허리를 펴게 만든 '원천'이었다. 결론은 "한개 기업소가 적지 않은 리득을 얻는 대신 국가는 백배의 손실을 당하고 있다"는 내용이었다.

그래서 김유진이 "내 동무를 믿고 떠나가겠네……"라고 무겁게 부탁을 한 것인가? 사실, 김유진은 자신의 일을 책임감 있게 마무리하고, 깨끗한 마음으로 무역국을 떠날 생각을 해왔다. 그런데 인계를 하면서 남겨놓았던 미완의 모형배처럼 손경후에게 실상을 밝히지 못하고 떠넘기고 온 일이 꺼림칙했다. 그런데 바로 그날 저녁에 사건이 터져버려,

자기는 결국 그 일에서 도피한 것과 다를 바 없었다.

이 일과 직접 관련된 처장 남태설은 손경후의 선배이다. 그는 후배인 상급 손 국장에게, '책임일꾼'이 되면 모든 문제를 크게 보아야 한다, 나아갈 때 힘껏 나가되 물러설 때도 한껏 물러서야 한다, 지나친 예민성을 좀 낮추어야 한다는 등의 조언을 한 것도 개인의 처세술과 다르지 않았다.

그는 수출원천을 찾는 데 공이 컸고, 또 득평광산의 버럭을 장악해 외국기업체와 비교적 비싼 값으로 수출계약을 성공시켰던 당사자이다. 그 결과 국의 재정과 경영위기를 넘기고, 광산에는 채굴설비를 제공했다. 이야말로 누이 좋고 매부 좋은 일이 아닌가. 그는 또, 공무로 써야 할 자동차로 손경후의 가족에게까지 편의를 제공하는 등, 생활을 살펴주는 '인정'이 넘쳤다. 이런 점에서 원칙주의자 손경후와는 상반되는 태도를 가지고 있었다.

'적당히' 서로 좋게 공생하는 타협적 처신은 '전체'의 이익을 먼저 생각하는 사회주의 인간형과 거리가 먼 것임을 말해주는 구체적인 사건이 바로 '미광수출사업'이었다. 남태설과 김유진이 추진했던 수익사업이 정작 국가 차원에 보면 손해라는 것이다. 작품에서 제기한 문제는, 무역단위나 기업소는 이익을 내지만 국가적으로 손실이 되면 '실리'가 되지 않는다는 점, 또 수출품 선정에서 원료가 아닌 가공품으로, 그것도 질 좋은 가공품을 연구하도록 물심양면으로 노력이 요구된다는 점 등이다. 보신주의 관료에 대해 비판하고, 국가 이익을 생각하지 않는 실적주의 문제를 제기한 것이다.

이 작품은 무역국 국장의 업적, 능력에 대한 평가보다 '국가에 이익이 되는 실리주의'를 추구해야 한다는 '애국주의 가치관'이 더 중요함을 다루었다. 전체의 이익에 배반되게 개별 주체들이 당면한 이익과 사적 욕망을 좇는 현상에 대한 경계인 것이다.

여기서 주목할 또 하나는 인민경제대학을 거친 손경후처럼, 시대에 맞게 실력을 갖춘 젊은 세대가 지도급으로 세대교체되어야 하는 문제와 '국 내부의 기구 정리'라는 실리 관점의 화두는 기존 조직의 개선(개혁)이라는 과제를 던졌다. 이것은 놀고먹는 사람이 많은 관료조직에 대해 인민들의 높은 불만을 반영한 것으로 보인다. 실질적으로 생계유지의 주역인 장사하는 여성들이 모여 우스갯말로 '달리는 여맹, 앉아 있는 당, 서 있는 사로청'이라고 한다니,13) 실리주의가 사실은 국가나 관료에 대한 비판이 되어야 할 문제임을 암시하였다.

이와 같은 주제는 이전의 작품에서 찾아보기 어려운 주민생활의 요구수준을 반영했다고 볼 수 있다. 북한소설에서 새로운 인물형의 등장은 기존 질서 유지에 우선적으로 무게 중심이 실려 있었다. 변화하더라도 '예방적 변화'의 시각으로, 변화의 예각을 둔화시켜 반영한다. 이 작품에는 여기서 한 단계 더 나갈 수 있는 여지가 숨어 있다. 그것은 '생산성'에 맞춰 내부의 기구 정리를 하겠다는 신임 국장의 '관점'에서 엿볼 수 있다. '생산성에 맞춘 기구 정리'는 남한식으로 보면 '구조조정'이다. 이런 차원으로 유추할 때, 그 일은 사실상 국장의 권한 밖에 있다. 그렇지만 그것은 인민들의 생활에서 나오는 욕구의 반영이자 미래에 대한 '희망'일 수 있다.

작가는 일단 '애국주의적 실리주의'를 전면에 내세워 작품 주제를

---

13) (사)좋은벗들 북한연구소 발행, ≪오늘의 북한소식≫, 제38호(2006. 9. 20.).

당 정책에 부합시켰다. 이 점을 김유진과 남태설이 두 사람의 사업방식에 대한 비판으로 초점을 모았다. 여기서 개인에 대한 비판은 본질의 깃털에 불과하며, 몸통을 이루고 있는 '비생산적 관료조직에 대한 비판'에는 미치지 못한다. 그렇지만 주제에 살짝 덧붙인 '기구 정리'는 몸통에 수술칼을 들이대는 것과 같다.

이와 같은 과잉 해석은 작품의 내적 구조로 감당되지 않는다. 그러나 알려진 바로는 간부들이 국가재산을 사익을 취하는 수단으로 삼는 행위가 흔하게 벌어지고 있다. 2004년 새로운 경제관리체계에 의해 생산액의 30%를 지배인에게 기업소 경영자금으로 주어 자유처분하도록 허용했을 때 그 내막을 보니 "리윤이 국가에는커녕 개인 사취(私取)에 다 들어간 현실"[14]처럼, 제도적으로 부정부패가 쌓이고 있는 현실이 북한 사회의 근본 모순이 되고 있다. 여기에 비춰서 이 작품을 볼 때, 작가가 제도문제까지 언급한 것은 주민들의 높아진 사회변화 욕구를 반영한 것으로 이해된다.[15]

손경후는 관료로서 체제에 순응하는 가치를 잘 추구하는 인물이다. 그가 본 문제는 무역단위, 기업소는 이익을 내지만, 국가적으로 손실이 되면 '실리'가 되지 않는다는 점이다. 또 수출품 선정에서 원료가 아닌 가공품으로, 그것도 질 좋은 가공품을 연구하도록 물심양면으로 노력이 요구됨을 보았다. 김유진과 남태설은 보신주의 또는 개인의 실적과

---

14) 류경원, 「조선의 경제관료 극비 인터뷰: 우리나라의 경제형편(중)」, ≪림진강≫, 제2호(2008. 3.), 64쪽.
15) 이 작품의 한계를 찾는다면, 그런 문제의식이 손경후라는 중간간부가 중심에 있는 점이다. 관료가 스스로 개혁하기를 바라는 것은 불가능한 일이기 때문이다.

영예를 생각하는 인물이다. 비판적으로 보면, 개인 영웅주의 사적 욕망을 충족시키는 형이다. 실제로 남태설은 관용차를 손경후의 가족을 챙겨주는 일에 쓰기도 하면서, 개인의 인맥관리를 한다.

남태설 같은 전형은 인맥으로써 사적 영역을 만들어내고, 그것을 바로 생존의 지름길로 삼고 있는 현실성이 강한 인물이다. 선군정치를 전면에 내세운 현 시기에 민간의 입장에서 군부는 치외법권 지대와 같다. 민간은 군부와 결탁된 인맥의 권력을 이용하여 자기 안정망을 구축하고자 한다. 이를테면 안전부 2국 산하로 들어가면, 무슨 범죄가 있어도 사회안전부에서 취급하지 못하고, 단속에 걸리지 않게 되어 있다. 그러니까 말로는 법이 국가를 위해 움직이지만 "자기네 관계에 돈이나 빨아먹을 것이 없으면 법도 취급 안" 하는 실정이다.16)

그와 같은 현실상을 「인생의 한여름에」에서 작가는 손경후를 통해 남태설과 같은 관료에 대해 비판하고, 국가 이익을 생각하지 않는 실적주의에 문제 제기를 하였다. 이 비판과 함께 손경후의 제1의 고민인, 국내의 인사문제가 노동자계급 위에 군림하는 지배계층의 모순을 풀어야 함을 보여주었다. 『영생』에서 간부들의 정신상태를 비판한 것은 체제위기를 호도하는 측면이 있었다면, 손경후의 고민은 체제 자체에 대한 비판에 놓여 있다. 공적 영역에서 이런 비판적 관료의 욕망을 어떻게 수용하느냐가 북한의 미래를 판가름할 것이다.

정치 지향형 사적 욕망은 기존의 사회성분의 공고화와 함께 혼란의 틈새를 넓히는 양면적 결과를 낳기도 한다. 최련의 「축복」(≪조선문학≫,

---

16) 50대 남성 개별면접(2006. 6. 24.). 기타 참조: PS-24, PS-24-1, PS-28-1, PS-33.

2006. 4.)은 천리마 시대를 배경으로 하고 있지만, 현 시대의 주민성분 문제와 충성심과 관련한 혁명화를 주제로 한다. 김영심은 전쟁 시기에 중앙기관에서 경공업 과장을 했고, 경공업성 부상을 했다. 해방 전 큰 포목상이면서 "협화회" 회원으로 지냈던 백부의 경력문제로, 그는 도 지방산업관리국 부국장으로 내려간다. 그는 딸애를 데려가고, 당시에 군인 신분으로 민족보위성에서 일하던 남편은 큰아들과 함께 평양에 남는다. 두 가족으로 떨어지면서 영심은 남편과 자식의 행복을 지켜주기 위해 이혼을 결심한다. 곧 해임될지 몰라, '마지막 정류소'가 어딘지 자신도 모르는 '혁명화'의 대상이 된 때문이다.[17]

혁명화는 신분과 관련한 정치적 생명을 좌우한다. 이 명분으로 정치적 숙청이 이뤄지기 때문에 개인의 사적 욕망을 혁명적 이념 속으로 통제가 가능하게 한다. 그러니 영심은 자신의 자리를 지켜내기 위해 피나는 노력을 한다. 도내 공장, 기업소 지배인협의회를 소집하여, 생필품 공업이 부문별 계획에 미달한 실태, 비어 있는 상점들 실태를 정확한 숫자로 파악하고, 가공설비를 새로 만들어 상점에 제품을 내놓음으로써 활기를 띠고 팔리게 했다. 영심은 인민 생활문제를 풀 수 있다는 확신을 가지고 관리국의 전망목표와 당면계획을 발표했다.

이와 같이 노력하는 영심의 실질적인 목표는 민생고 해결에 있다. 그럼에도 추동하는 매개항은 김일성이고 지향점은 혁명화의 완수였다.

---

[17] 오영재 시인도 한때 누구도 도와줄 수 없는 막다른 지경에서 '정치적 생명'에 마지막 선고를 받은 처지가 되었다. 그때, 김정일이 그의 손을 잡아주었다고 했다(오영재, 「위대한 령도자, 복받은 시인」, ≪조선문학≫, 1997.2. 55쪽). 이처럼 혁명화는 개인의 신분을 수령주의 체제이념 속에 정치적으로 속박하는 기제가 된다. 각주 7) 참조.

혁명화의 고초가 가족에 미치지 않도록 이혼까지 생각해야 하는 모순을 파고드는 것이 아니라 되레 당과 수령에 절대적 충성을 바치는 행위 속에는 사적 욕망을 이념형 속으로 은폐시키고 있는 것이다. 다시 말해 지향점이 '인민'의 문제로 반전하는 것은 공적 욕망과 사적 욕망의 틈새를 말해준다.

3대혁명 붉은기 쟁취운동, 숨은 영웅 따라 배우기, 제2의 천리마대진군 등 대중운동을 전개하면서 작품에서 흔히 등장하는 영웅들은 생산과 건설의 계획과제를 넘쳐 수행하는 모범을 보여준다. 사회정치적 통합과 체제유지에 귀결하는 사상이념이 매개되어 영웅적 인물이 만들어지고, 이를 매개해 대중을 교양한다. 이처럼 당은 개인의 사적 욕망까지 통제하고자 한다.[18]

하지만 이 점을 사적 영역으로 되비춰보면 그 이면에서 개인의 다른 욕망을 짚어볼 수 있다. 공산주의자로 교양받는 인민들은 공적 요구와 부합해 보이는 사회정치적 안전망을 확보하고자 하는 사적 욕구가 있다. 실제 노력영웅 칭호를 받고자 하거나 입당을 원할 때, 신분보장과 자존감을 확보하려는 의미를 갖는다. '복잡한 군중과의 사업'에서 집안의 한 사람 정도는 입당을 허용하는 경우가 있어, 사람들은 성분이 나쁜 것을 극복하기 위해 돌격대에 자원하여 기회를 봐서 입당을 하고자 한다.[19] 또 군대에서도 입당을 하려고 노력을 지향적으로 한다.[20]

---

[18] "자주적인 국가건설의 새로운 단계를 이루는 강성대국건설은 주관적욕망에 의하여 건설되는것이 아니다. 위대한 김정일동지의 선군혁명사상은 현시기 인민대중의 지향과 시대의 요구에 맞는 강성대국건설의 합법칙적로정을 명시하여주고 있다." 사설 "선군사상은 우리 시대 자주위업의 필승불패의 기치이다," ≪로동신문≫, 2003년 3월 21일자, 1면.

북한에서 전개한 대중운동이 사상교양사업이면서 경제적으로 증산경쟁, 생산경쟁을 추동하는 경제운동이었지만, 1990년대 경제위기로 인해 집단적 대중운동방식을 지속하기란 불가능하게 되었다.21) 그럼에도 불구하고 김상현의 실화문학「영원한 삶의 노래 — 한 정치일군의 수기」(≪조선문학≫, 2002. 11.)에 등장하는 엄호삼처럼, '사회정치적 생명'을 얻기 위해 목숨을 바치는 것은 결국 집안을 지키려는 자존감의 욕구를 표출한다.22)

한편 합법적 지위와 권력을 이용하여 생존기반을 확보하고 부를 축적하는 기회로 삼기도 한다. 북한에서 2006년 하반기에 전염병이 빠른 속도로 확산되자 통행금지령을 선포하고 부득이하게 이동을 해야 하는 사람에게 위생통과증을 발급해주었다. 장사하는 주민들은 통행을 위해 의사에게 돈을 건네고 위생통과증을 손에 넣는다.23)

---

19) "최근에 옛날 지주, 자본가 이런 사람들 후손 자식들, 그런 사람들도 군대를 안 간다. 그런데 이런 가정에 대해서 당 내부적인 방침이 있다. 가정에서 한 사람씩은 입당시켜라. 그렇게 하면 천대하는 게 알리니까. 그런 것을 '복잡한 군중과의 사업'이라고 하는데, 내부적으로는 한명씩은 입당시킨다. ……배수돌격대라는 게 있었다. 41명이 몽땅 복잡한 계층 사람이다. ……말로 다 할 수 없이 힘들게 일했는데 …… 입당한 사람들이 불과 3명인가 될 것이다"(PS-18-2).
20) "보통은 (입당을) 입대하고 제대하는 8년, 9년 시기가 많고, (나처럼) 6년 정도에 한 것은 빠른 편이다. ……남보다 어려운 군복무를 했으니깐 좀 일찍이 입당했다고 할 수 있다"(PS-2).
21) 정상돈, 「대중운동」, 세종연구소 북한연구센터 엮음, 『북한의 경제』(서울: 한울아카데미, 2005), 226~234쪽.
22) 노귀남, 「사회정치적 생명과 인민의 삶」, ≪문학아카데미≫ http://www.munhakac.co.kr, 2003. 6. 27. 등록.

이와 같이 북한 사회는 정치영역이 과도하게 주민의 삶을 지배하고 있기 때문에 개인들은 이에 반감을 가지고 불평이 표출되고 있다.24) 그런가 하면 권력을 이용하여 개인의 욕망을 실현하기 위해 타협적인 태도가 많이 나타난다. 이를테면, 안전부에 있는 법관과 그 부인까지도 친밀관계를 유지하여 장사하는 데 물자를 동원하고, 비법행위에 대한 바람막이를 한다.25) 또는 정기적으로 얼마씩 상납을 하여 아예 검열을 나오지 못하도록 하기도 한다.26) 그런 행위들은 정상적인 국가권력이 작동하지 못하고 있는 상황에서 일상적으로 '고이는 일'로 문제를 해결하는 식으로, 부정부패가 만연한 실상을 그대로 보여주고 있다.

다시 말해, 권력을 이용하여 개인의 사적 욕망이 부정적으로 극대화

---

23) 위행통과증은 장당 만 원에 거래되고, 돈벌이 기회를 놓치지 않으려는 일부 의사는 적극적으로 구매자를 찾아 나서기도 한다. (사)좋은벗들 북한연구소 발행, ≪오늘의 북한소식≫, 제55호(2007. 1. 17.).
24) "간부들이 쉬쉬하면서도 '이대로 사변이 일어나거나 정권이 무너지기라도 하면 우리 같은 중상층 인물들은 적이 아니라 아마 백성들에게 맞아죽게 될 것'이라는 얘기가 나오고, 군대까지 공급이 부족하여, 사병들의 군영지 이탈이 증가하고, '주지도 않고 요구만 하면 …… 군인들이 죄다 도적놈이 되거나 다 도망가고 말 것'이라고 불평하고, 노골적으로 냉소하는 군인이 생겨나고 있다." (사)좋은벗들 북한연구소 발행, ≪오늘의 북한소식≫, 제55호.
25) "일을 하다 보니까 권력 있는 사람들과 친하게 되었는데, 법관 한 명과 그 부인도 가까웠다. 식사는 자주 같이 하고, 생일 때도 왔다 갔다 하고, 어려운 상황이 있으면 부탁하기도 한다. 그러나 북한에서 일반적으로 하는 말이, '법관들하고 친하면 친할 때뿐이지, 돌아서면 다다'라는 말이다"(PS-38).
26) "2005년 당구장을 경영하면서 한 달에 20만 원씩 주었다." 50대 여성 개별 면접(2006. 10. 29.).

함으로써 빈익빈 부익부의 사회모순을 가중시키는 양상을 불러오는 것이다.

2) 기술 전문가형과 사회양극화의 단면

오영재의 장편서사시, 『대동강』(문예출판사, 1985)에 개인적으로 출세를 하고 싶은 욕망이 강한 비혁명적 인물 명훈이 있다. 그는 물길을 따라 가며 만난 많은 사람들 가운데 한 인물로, '대동강 처녀' 리수옥의 애인이다. 수옥은 금성호 제방 공사를 끝내고 남포갑문 건설현장으로 달려간 혁명의 긍정 인물이다. 명훈은 수옥의 당당한 모습과 비교하면 '철부지'다. 수옥은 언제공사를 끝낸 후, 갑문공사장으로 또다시 지원해 갔다. 수옥의 영웅적 삶은 계속되지만 명훈은 다른 생각을 한다. 그는 건설현장에서 노동은 노동계급이 하는데도 그 위훈은 집단적 의의 속에 포함되며 설계자, 시공자는 건설사(建設史)에 빛남으로써 개인적으로 의의를 가진 존재가 되는 현실에서, 자신이 포함된 노동계급의 삶에 대해 회의를 느낀다. 누구든 사회적으로 의미 있는 존재가 되고 싶은 욕망이 있고, 그것을 막을 수는 없다. 명훈은 수옥을 사랑하면서도 그를 떠나 자기 개발의 길을 가고자 했지만 그런 모습으로는 수옥의 사랑을 얻을 수 없었다.

그런데 경제난 이후 북한에서 보면, 명훈 같은 개성적이고 자기 개발을 원하는 인물들이 당의 품에서 흩어져 나간다. 전문가, 기술자가 되는 길이 생존의 길에 닿아 있기 때문이다.[27]

---

[27] "고등의전, 지금 4년 됐는데, 우리 다닐 때는 3년이었다. 간부담당의사인

그렇지만 작품상에는 상당히 다른 양상으로 반영되었다. 김홍철의 「풋강냉이 — 한 공훈광부의 이야기」(≪조선문학≫, 2000. 9.)에서 일제강점 말기에 굶어 죽은 부모를 내세워 현재시점의 기근 상황을 호도하여 표현했다. 북한이 작품 속에 경제난의 실상을 직접적으로 반영하지 않았던 것이다. 이와는 대조적으로 양해모의 「결석대표」(≪조선문학≫, 2000. 10)는 기술자가 굶어서 병들어 죽고 산업기반이 붕괴된 상황을 직접적으로 보여준다. 이 작품의 주인공 한인국은 발전기를 설계하여 철심자재인 규소강판을 구하는데, 온 나라를 헤매서도 빈손으로 돌아왔다. 폐기된 변압기, 용접기들의 작은 철심들을 모아 조립해냈지만, 그는 기업소의 자력갱생을 위해 자기 임무를 완수하고서는 죽고 말았다. 먹을 것이 없고, 치료가 불가능하고, 경제 재건이 불가능한 상황에서 그의 죽음은 '전국자력갱생모범일꾼대회'에 결석 대표가 된 영웅으로 기록되었다.

한인국은 과학기술자로서 임무수행에 온몸을 바쳤다. 이와 같은 인

친구가 그러더라. '너 학교 다닐 때부터 능력도 있고, 기술도 있었는데…… 좋은 재간 가지고 뭐하러 이렇게 장사만 하고 다니냐? 우리는 무상치료 하니, 침이나 좀 떠주고 돈 달라는 말은 못한다. 그러니까 내가 약을 주겠으니까, 환자를 치료해주고, 간염이면 간염환자에 맞는 약을 팔아라. ……그래서 우리 장마당 안에 약장사들은 몽땅 의사들이 연료보장 받고 거기에 나가서 약장사한다. 그런데 나처럼 젊은 나이가 거기에 앉지 못한다. ……(네가) 농촌 작업반에 속해서 그 인민반 안의 몇 집만 신용 있게 병을 잘 고쳐주면 이 사람들이 소개시켜줘서, 약이 실속 있고, 돈 없는 사람은 거저 주고, 농촌사람한테 가을에 결산할 때에 돈을 달라고 한다.' 친구 말대로 했는데, ……내가 국가 가격으로 약을 받아가지고 5배를 붙여 먹었다. 그렇게 1년만 했는데 큰 부자가 되었다. 돈이 100만 원, 200만 원 되었다"(PS-26-1).

물은 작품에서는 공적 영역에서 전범으로 구현하는 것이지만, 실제 주민생활에서는 개인의 성취 욕망으로 기울어 나타난다. 기술자로 학문적 성취욕을 갖게 되고, 전문 학자나 과학자의 경우 외국서적을 통해 선진기술에 대한 욕망을 가진다.28)

리신현의 『강계정신』(문학예술출판사, 2002)도 1996년 기아가 전국을 휩쓸면서 고난의 행군을 하던 때를 배경으로 한다. 이 작품은 시작부터 굶어 죽은 기술자 장두칠이 나온다. 그는 자강도 핵심계급으로, 희천공작기계공장 대들보 기능공이다. 그는 양심을 속이고 싶지 않았기에 현장에서 쓰러지면서도 남들처럼 '장사'를 하느라고 자기 일터를 떠나지 않았다. 그의 죽음에 대해 "양심을 버리지 않고 사회주의를 지킨 보배"로 의미를 부여하지만 실상은 과학기술자들이 겪는 고난한 길의 단면을 말해준다. 등장인물 도당 책임비서 태혁, 군당비서 김충모, 1960년대 중소형발전소 돌격대원이었던 림준, 식량문제를 풀기 위해 연구에 몰두하는 여성과학자 성실 등은 전력과 식량 문제를 해결하기 위해 '자력갱생'의 길을 택한 인물들이다. 그 혁명정신이 바로 자력갱생의

---

28) "나는 전문가이다 보니 잡지를 통해서 다 안다. 90년 초반부터 노트북이 질은 낮았지만 아주 편리하지 않은가. 개인적으로 컴퓨터는 집에 있었으니까. 노트북을 이제는 가질 수 있는가 하는 것은, 그것은 큰 것이니까 생각 못하는 것이지만 갖고 싶었다"(PS-10-1, PS-10-2).
"통보사의 사명이 보통 깊이 있는 연구 사업보다는 외국과학기술를 자료를 수집하고 분석해서 전국에 봉사하는 그런 기관이다. 그래서 나는 대학을 관련해서 졸업했기 때문에 그런 데에 들어가면 매우 유리한 것이다. 외국과학기술자료들을 쉽게 접하니까. 그래서 잘됐다고 볼 수 있다. 공학도로서 제일 먼저 자료를 접할 수 있는 위치에 있었으니까 좋은 것이다"(PS-40-1).

전형을 일구는 '강계정신'이다. 그 이면에 있는 사적 욕망은 공적 영역의 빈자리를 메우는 일이다.

> 고난의 행군시작이 시작되면서 1999년까지 가장 어려운 시기에 당에 충실한 당원들, 과학자, 기술자, 기능공 등, 고지식한 사람은 굶어죽거나 가정이 파괴되었다. 당원도 아니고 장사를 한 사람들은 죽지 않고 다 견뎌내고, 그러니 2002년 와서 사람들의 머리가 이제는 당에 충실하고 일만 해서는 못산다는 생각을 가지게 되었다. 다시 경제를 활성화시키려고 2002년 새 경제를 도입했지만, 2000년 전 고난의 시기 과학자, 기술자, 기능공들은 다 죽어버리고. 기술자가 있어야 경제를 다시 활성화할 것 아닌가. 이러니 사람들 머리가 2000년 이후부터는 물질위주의 이런 생활이 아니면 앞으로 희망이 없다고 생각이 다 바뀌었다 (PS-2, 요약 인용).

이 면접자는 인텔리로서의 자존심, 테크노크라트로서의 성취욕을 강하게 가지고 있었다. 그 아버지는 당 일꾼으로 일하다가 1960년대 말 이후에 실시한 토대구성 때문에 행정일꾼으로 돌아섰다. 그렇지만 아버지는 자신에게 긍지가 되고, 자신도 출세를 위해 입당 노력을 지향적으로 했다. 그는 계산능력이 빨라서 전연정찰로 비무장지대 안에서 군복무를 했기 때문에, 보통은 입대하여 제대하는 8~9년차에 입당을 하는데 그는 6년 만에 입당했다.

그는 능력을 인정받아 좋은 대학에 추천되리라는 희망을 가졌는데, 선전했던 것과 달리 중앙당 간부의 자식이 대학을 갔다. 그렇다고 포기할 수 없었던 그는 직장에서 통신으로 공부하기 시작해 건설대학과 통계대학을 다녔다. 두 대학을 졸업할 때 고난의 행군 시기에 들어갔는데, 굶어 죽어가는 때에 공부를 한다는 게 보통 의지가 아니었다. 과학자, 기술자, 고급 기능공, 충실한 당원들이 굶어 죽고, 또 일터를 버리고 살길을 찾아서 장사를 나가고 하면서 간부집단에서 기술 역량이 많이 부족했다. 그가 기어코 학업을 마친 결과, 요구되는 그 빈 자리를 차고 승진할 수 있었다.

이처럼 전문가를 지향한 개인의 열정적 노력은 그것을 발판으로 한 신분상승 욕구가 강하기 때문이다. 공식 영역에서는 이런 사적 욕망이 용인되지 않기에 「결석대표」의 주인공처럼 대중영웅으로 포장될 뿐이다.

자기 신분을 상승시키고 싶었고 다른 동료보다는 더 뛰어야겠다, 먼저 입당을 하고 싶고 먼저 강좌장이 되고 싶은 것이다. 그게 이 사회에서 볼 수 있는 엘리트들 사이의 강력한 경쟁이다. 대학원 졸업해서 한 도에 배치받은 사람이 학교 안에 세 명이 있었다. 처음에 대학에 오면 조교원이다. 누가 빨리 교원이 되느냐, 교원에서 누가 상급교원이 되느냐, 상급교원에서 누가 1급, 2급으로 올라가느냐 경쟁한다. 또 준박사를 누가 먼저 따느냐는 누가 먼저 입당하느냐 문제이고, 이것이 완전히 경쟁이다. 어느 부분이나 관계없이 입당을 위한 경쟁, 그리고 학생본분이라면 자기의 급수를 인정받기 위한 그런 치열한 경쟁이 있다. 한 해에 조교원에서 교원으로 승격시킬 수 있는 T. O.가 제한되어 있다. 거기서 두각을 나타내기 위해서 우선 강의안을 잘 만들어서, 학생들 속에서도 굉장히 인정이 되어야 하고, 여러 가지 연구사업을 해서 출판물에 많이 실적을 가져야 하고, 또 현실적으로 실현 실습 기제를 많이 만들어야

되고, 결과가 많으면 많을수록 입당하는 데 도움이 되고 급수도 많이 올라가고 그랬다(PS-10-1, 요약 인용).

이와 같은 개인의 신분상승 욕망은 공적 담론으로 허용되지 않는다. 과학자는 집단주의 세계관, 당성이 투철하여 당이 요구하는 자력갱생에 복무해야 한다. 박원성의 실화문학 「광맥」(≪조선문학≫, 2001. 3.) 역시 고난의 원인을 계속 제국주의자들의 봉쇄책동으로 간주하면서, 살아남을 길은 오직 '자력갱생'이라 말한다.[29] 자원이 없이 자력갱생으로 건설해야 하는 상황에서, 인간의 능력을 영웅적으로 발휘하지 않을 수 없다. 돌격대는 노동력의 극대화를 위해 인간의 영웅지향 욕망을 추동한다면, 과학에 대한 열망은 자원의 극대화를 위한 요청이었다.

박윤의 실화소설 「그대의 심장」(≪조선문학≫, 2006. 5.)을 보자. 화자(나)는 작가이다. 여기에 지적 성취욕이 강한 인물 손 박사를 등장시킨다. 손 박사는 세계 유전학자들이 주목하는 클론기술을 현실화한 기수였는데, 사회와 집단을 위해 큰 공적을 이루고도 또다시 더 높은 목표를 제기하고 착실히 점령해가는 인물이다. 화자와 대학 동창생으로 과학원 분원장인 손 박사는 40대 후반에 이미 학계의 선두에 섰고, 대학 때에도 진취성이 강하고 승벽이 세어 자연과학, 철학, 역사, 문학 분야까지 힘을 들였다.

공상의 시절이고 무턱대고 약속하고 내달리던 그 정열의 나날, 그

---

[29] 전인광의 「평양의 눈보라」(≪조선문학≫, 2000. 11.)는 미국 사회의 타락상을 철저히 부정했다. 북한은 자력갱생의 당위성을 입증하기 위해서도 내부적으로 반제·반미의 목소리를 높이지 않을 수 없을 것이다.

<욕망>의 구간에 나는 그에게 큰 빚을 지고 말았다. 분자생물학적 방법에 의해 현대의학이 전면방향전환 될 것이라는 그의 가설에 현혹되어 과학환상소설을 써내겠다는 터무니없는 약속을 했던 것이다.

그런데 화자는 스무 해가 지서야 약속한 원고를 들고 손 박사를 찾아갔다. 손 박사는 한 연구사의 논문을 내놓는다. 고려약학방법을 결합해 생장촉진물질을 발명하고 이미 임상 효과를 거둔 것이다. 가설에 입각해 썼던 소설 원고는 처음부터 다시 써야 했다. 환상소설을 시작점으로 해서 현실 속으로 돌아오는 구성으로 바꾸어야 했기 때문이다.

이 작품은 노동력 극대화의 요청과 병행해 지적 생산력을 극대화하려는 북한 사회의 욕망을 내보인다. 그것은 공적 담론으로서의 추동이면서, 개인의 강한 성취욕을 담고 있다.

오광철의 「높은 요구」(≪조선문학≫, 2000. 11.)는 광산 마을에서 나서 자라고 공장대학을 나온 채취공업성의 지도원 인학과 '고난의 행군' 시기에도 높은 생산성과를 낸 성실하며 능력 있는 일꾼인 지배인 장현철을 대비시킨다. 일꾼의 업적이 성실성으로만 담보되는 것이 아니라, 전문 기술가형에 좌우됨을 보여준다.

오광철의 「대학시간」(≪조선문학≫, 2003. 8.)은 컴퓨터 관련 연구자들을 등장시킨다. 이것은 한 처녀 과학자의 대학생활을 그리면서 벌어지는 갈등 속에서 최신 과학정보에 눈을 떠야 하는 현실적 요구를 담는데, 그 이면은 과학정보 수준이 바로 출세를 말해주는 상승 욕망에 이어져 있음을 보여준다.

정옥의 아버지는 자동화연구소 실장으로 컴퓨터 조종체계에서 세계적인 선진 학문수준에 도달해 있다. 반면, 정옥을 가르치는 허주성은 강좌장인데도 10년이 넘은 기술이 된 내용의 교과서를 그대로 쓰고 있다. 정옥은 허주성의 이론에 토대를 둔 자기 논문을 포기하고 새로운 체계를 도입하려는 과학단위와 생산단위의 연구사, 기술자들의 연구토론회에 가느냐로 고민한다. 강좌장인 허주성 선생님에 대한 예의가 걸리고, 다른 한편으로 진실에 대한 양심의 눈이 미래를 부르고 있다. 은옥은 결국 미래를 선택했다. 새 기술세계에 대한 지적 욕망은 '탈정치적'일 수 있는 가능성이 열려 있다.

이런 욕망은 실제로 개인의 이해와 맞물려 있기 때문에 교육에 대한 특별한 관심으로 나타난다. 실력이 없으면 자리를 얻기 힘들다며, 식당을 경영하여 돈을 많이 번 여성은 남편이 경제대학 공부를 하도록 뒷바라지를 한다고 했다.30)

도시 학교들에서는 학부모들이 순번제로 돌아가며 선생님들의 식량을 대주고 있다. 청진시 중학교 학생들은 매일 돌아가며 순번제로 학생 1인당 흰쌀 1kg를 학교에 바쳐 선생님들의 식량을 대준다. 원산시도 사정은 마찬가지다. …… 선생님들은 아무래도 지원을 많이 해주는 학생들에게 관심을 더 쓰기 마련이다. 가정 형편이 좋은 집 아이들에게 학급 반장, 분단위원장 등의 직책을 맡기고, 특별히 개인과외를 해주기도 한다. 학급 반장이나 분단위원장이 된 학생들은 선생님에게 매달 쌀 15kg 이상과 옷, TV, 선풍기, 록화기 등의 물품을 지원하는 등 선생님이 생활을 유지할 수 있도록 돕는다. …… 학부모의 열성에 따라 선생님들은 일요일이나 휴일에 학생들에게 개인과외를 해주기도 한다. 주로 중국어,

---

30) 30대 여성 개별면접(2006. 9. 25.).

영어 등 외국어와 손풍금, 바이얼린, 무용과 같은 예능 과목, 수학, 컴퓨터, 자동차 운전, 전기기계수리 등을 가르친다.[31]

이와 같은 교육열은 신분상승 엘리트 욕망에 닿아 있다. 남양노동자구의 경우를 보면, 경제적 여건으로 의무교육의 수준이 현격하게 떨어져 있다. 학교생활에서 교원들도 죽고, 전공과목과 상관없는 과목을 가르치고, 선생님들이 정열적으로 교육하지 않는다. 지리 선생님이 물리, 수학도 가르치고 지난 10년 동안 학생들은 제대로 공부를 못 했다. '청소년림'이 있어, 나무를 심을 때 선생님들은 산에 올라가지 않고 남학생들은 나무를 던져놓고 놀다가 내려오고, 그래도 여학생들은 나무를 북돋아 심는다. 선생님들도 학교 노임과 배급, 부업으로 생활하다 보니 교육에 열성적이지 못하였다. 이런 경우 특별히 교육열을 가지고 여건이 되면 진학을 위해 인맥을 찾아 돈을 들여서 공부를 시키게 된다.[32]

이처럼 교육 정도는 북한 사회에서 사회양극화에 주요 요인으로 작용하고, 자녀교육에 대한 주민의 사적 욕망을 더 커지게 만들고 있다.

3) 생존 경제형과 시장 지향 양상

북한 사람들에게 '강타기'라는 말이 있는데, 북·중 국경의 강을 몰래 건너는 일을 일컫는다. 2005년 말경 한 사람은 중국돈 1,500원을 주고

---

31) (사) 좋은벗들 북한연구소 발행, ≪오늘의 북한소식≫, 제39호(2006. 9. 27.).
32) 20대 여성 개별면접(20대)(2006. 11. 25.).

길안내를 받아 중국 연길로 와서 한 달 남짓 돈벌이를 하며 있었다. 그가 다시 돌아가려면 1,000원이 든다고 했다. 이렇게 적잖은 돈을 들여 중국으로 나오는 것은 장사밑천을 만들려고 모험을 하는 경우가 많다. 식량을 구하려고 대량 탈북하던 때와 다른 상황이지만, 쉬운 일이 아니었다. 중국이나 남한 친척의 도움이라도 받을 수 있는 사람이라면 모를까, 아무 연고 없이 나와서 돈을 벌 수 있는 방법은 거의 없다. 중국에도 600~700원을 못 받는 노동자나 실직자가 대부분이니, 강타기를 하여 목적한 돈을 벌기는커녕 비법자로 걸리지만 않아도 다행이다.33)

  2004년 5월에 탈북한 한 사람은 토지에서 강냉이 1톤 정도를 생산하여 다시 뒤집어 불린 이야기를 했다. 그 강냉이로 아내는 집에서 밀주를 빚어 팔았다. 부산물인 술깡지(술찌끼) 나오는 것으로는 돼지를 먹이는데, 술기운에 잠을 많이 자기 때문에 쌀겨보다 살이 더 잘 오른단다. 퇴근길에 뜯어오는 풀, 농장에서 사온 쌀겨를 보태서 먹인 돼지로 2~3만 원을 번다. 술로 만든 강냉이 1kg는 쌀 1kg 값으로 늘어나는데, 이 쌀을 다시 판다. 기름을 사서 농사에 재투자를 한다. 농촌에 기름이 부족하므로 잘 아는 협동농장위원장에게 모내기철에 주어서 10월 말에 현물로 받아낸다. 봄에 10만 원이 가을이면 20만 원이 된다. 이렇게 힘껏 굴려서 2004년 봄에 식량 1년분을 여유로 가지고 나머지가 40만 원 정도가 되더란다. 그는 이것을 '돼지털오리 세서 만든 돈'이라고 표현했다. 이런 삶은 직장을 다니면서도 따로 노력하지 않으면 살 수 없는 현실을 드라마같이 보여준다. 그리고 그가 주변사람들에게

---

33) 함북 거주 마○○(30대 초반) 개별면접(2006. 2. 24.).

인심을 후하게 쓰면서 살 수 있었던 것은 비법(非法)에 걸리는 것을 막아낼 수 있는 조건이 되었기 때문이라고 했다. 그를 통해서 북한에서 어쩔 수 없이 비법으로 사는 보통사람의 생활상을 엿볼 수 있었지만, 그보다 자원을 총동원하여 자력갱생하려고 애쓰는 사람들에 대한 안쓰러움이 더 컸다. 그만큼 이념과 정치체제보다 사는 문제 자체가 더 절박한 현실이 되었음을 말해준다(PS-24, PS-24-1).

이와 같은 삶의 모습은 북한 사회에서 웬만큼 생활능력이 갖춰진 사람들에게 일상적이며, 사람들의 생존의 욕망을 반영한다. 한 여성은 청진의 재정간부학교를 졸업하고 도시건설부문에 배치되었는데, '사업'을 해서 파견장을 뽑아냈다.[34] 자기가 원하는 직장에서 근무하면서 자기가 배운 재정 감각으로 화폐장사를 하고 이자놀이를 하기 위해서였다.[35]

북한 주민들은 고난의 행군 시기 이후, 장마당생활을 통해 생존의 방식을 터득한다. 농민시장의 확산은, 배급체계가 와해되고 공장가동률이 저하되면서 직장에서 이탈자가 늘어가고, 반면 개인생산이 확대되었음을 뜻한다. 이렇게 가속적으로 체제이탈현상이 만연하였다.[36]

---

34) 노동부 간부에게 고양이 담배 1보루(1만 2,000원)를 주었다.
35) "중국돈 100위안에 3만~3만 4,000원 하는데, 여관을 이용하여 세관 가족들이 파는 중국돈을 싸게 사서 차액을 남긴다. 이렇게 2006년 1달 5,000원 정도 수입, 화장품과 옷을 간간히 사 쓴다. 물건은 "공업품상점"에서 산다. 화장품은 좋은 것이 2,000~3,000원 한다. 생일이 되면, 친구들 2~3명과 1만 원 정도 쓰는 수준에서 식당을 이용하기도 하고, 동무에게 3만 원 꿔줘서 10% 이자를 받기도 한다." 20대 여성 개별면접(20대)(2006. 11. 25.).
36) 이영훈, 「농민시장」, 세종연구소 북한연구센터 엮음, 『북한의 경제』, 166~186쪽.

이와 같은 영향으로 이제 일상생활에서 돈은 이념을 대체하는 주요한 욕망의 매개자가 되었다.

10년 동안 군복무를 하고 스물일곱 살에 돌아왔는데, 실력으로는 대학공부를 할 수 없고, 돈에 대한 의욕이 그때부터 생기기 시작했다. 그래서 1990년대 초반부터 장사를 했는데, 혜산에서 중국 의류 제품을 가져다가, 1,000원짜리를 1,500~2,000원씩 팔았다. 5년쯤 지나서 1995~1996년 무렵 보니까 간부들이, 사람들이 다 욕망이라는 게 있었다. 북한에는 '당일꾼, 보위일꾼, 안전일꾼'들이 제일 생활이 좋고 제일 상류층이었는데, '고난의 행군' 이후는 간부들이 필요가 없었다. 이전에는 '간부가 제일이고 돈이 두 번째다' 이랬는데, 고난의 행군 지나서부터는 '직업보다 이제 돈이 위다' 이런 식으로 다 말을 했다. '에이, 돈이나 벌자'고 이런 식으로 생각을 했다(PS-38, 요약 인용).

이런 행태의 욕망이 수단이 강구되면 경제적 상류층으로 상승하는 길을 열기도 한다. 되거리를 하는 단순 장사에서 부가가치를 창출하고, 이중장부를 통해 자본을 축적하는 수준으로 발전하였기 때문이다. 개인상표를 만들거나 이중장부를 하는 경우를 보자.

화학 하는 과학원의 과학자들도 살아가자니까. 식초, 비옷, 비닐 박막, 머리 물감 등을 만든다. 여기에 허가가 안 되었지만 개인 표딱지(상표)를 붙인다. 만약, 물감에 빈 뼁뼁이로 하면 우습지만, 그림 하는 사람 도움으로 도안 상표를 해서 틀에 넣고 인쇄한다. 상표를 붙였으면 좋겠다 하는 사람은 돈 가치를 조금 더 하기 위해서 그런다(PS-3, 요약 인용).

여기서 발전하여 상점이나 서비스업을 사적으로 경영하는 현상이 나타난다.37) 이것은 자본의 축적이 어떤 형태로든 가능했음을 말한다. 기존의 공장·기업소에서 "지배인과 부기장(簿記帳)이 마음이 맞으면 이중장부도 만들 수 있다"38)는 것은 뇌물의 재원을 만들고, 사적으로 축재하는 틈새가 됨을 말한다. 이중장부는 개인의 서비스업체 경영에도 자연스럽게 이용하면서, 사적 영역을 만들어 내는 돈(자본)은 이제 노골적인 생존 욕망이 된다.

돈이란 참 이상한 물건이라, 생존과 함께 돈이 떨어지면 목숨도 끝이다. 돈을 만드는 게 간단치 않다. 남들은 아파트에 10만 달러를 쌓아놓고 사는데, 세대주가 고지식해서 세월을 놓쳤다. 그렇지만 당구장을 해서 제법 벌어본 적이 있다. 수입은 혼자만 아는 장부와 국가 검열하는 장부를 2중으로 혼자서 관리하여, 건설비를 다 뽑고, 1년이 못 되어서 투자 대비 60% 이득은 봤다(요약 인용).39)

그의 경우, 돈이 목숨이라고 인식할 만큼 강렬한 욕망을 불러일으킨 것은 부자로 사는 주변 사람들이다. 이웃의 '재포(재일교포) 남자'와 먼저 사업을 하여 자동차를 굴리고 다니는 친구들의 풍족한 생활을 부러

---

37) "공장·기업소와는 달리 식당, 상점, 서비스업체, 무역회사는 사유화가 일정 정도 진전된 것으로 파악되었다." 양문수, 「북한의 시장화 수준에 관한 연구」,(≪현대북한연구≫ 9권 3호(북한대학원대학교, 2006. 12.), 28쪽.
38) 우산공장 지배인 출신 탈북자 ㄴ 씨(재인용): 양문수, 「북한의 경제위기와 노동환경의 변화」, 양문수 외 지음, 『북한의 노동』(서울: 한울아카데미, 2007), 69쪽.
39) 50대 여성 개별면접(2006. 10. 26.).

위함으로써 구체적으로는 자신도 사업가로서 감투를 쓰는 꿈을 꾸게 된다.

이렇게 물질적 욕망과 비례해 기업에 대한 소유욕이 강해졌다. 일단 돈만 있으면 권력을 끼기 위해 뇌물이 성행하고, 국가 명의로 된 외화벌이회사를 꾸린다. 그것이 언젠가는 '내 것'이 된다는 온전한 사적 사유를 상상한다. 예를 들면 주유소 같은 것에도 돈을 투자하는데 개인 재산은 아니다. 이것이 "통일이 되거나 이러면 내 가져도 된다"는 것이다(PS-33).

이와 같이 팽창하는 욕망이 있는가 하면, 극단적인 양극화가 만연하여 최소한의 생계가 막막한 경우가 흔하다.

나는 12살에 어머니와 오빠를 잃고 직장밖에 모르는 아버지 손에서 사느라 못해본 일이 없다. 쑥도 먹어보고 도토리도 먹어보고 논판의 벼 뿌리로 만든 국수도 먹어보았다. 목숨을 부지하자니 중학교도 못 나오고 생활전선에 나섰다. 산나물 장사와 남의 집 삯일도 해주면서 하루 1,000원이면 1,000원, 강냉이면 강냉이, 감자면 감자, 호박이면 호박, 무엇이든 얻어와서 아버지 시중을 하고 장사 밑천을 잡아보려 했는데 지금까지 안 되고 있다. 올해에는 바다에 나가 고기 짐도 날라보고 낙지(오징어)도 말려보았지만 돈을 모으지는 못했다. 아버지는 고생하는 내가 불쌍하다고 혼자 속 태우면서 가끔 술로 달래며 살고 있다. 나도 새 옷을 사 입고 신발을 사 신고 거리도 다녀보고 싶지만, 그런 건 다 꿈일 뿐이다.40)

---

40) (사) 좋은벗들 북한연구소 발행, ≪오늘의 북한소식≫, 제51호(2006. 12.

어린 여성(23세)으로, 자신을 사람답게 대해주고 새 옷에 새 신발을 신겨주는 사람, 아버지를 편히 해줄 사람이 있으면 몸과 마음 다 바쳐 받들고 싶다는 것이 '꿈의 전부'라고 말하는데, 이런 소박한 꿈이 점점 어렵게만 보이고 있다. 이런 가운데 그럭저럭이라도 살아가기 위해 편법을 동원한다. 사회보장의 꽃과 같았던 의료분야조차, 병원에서는 주사를 맞히는 일을 하는 것이 고작이고, 의사는 자체적으로 집에서 치료해주는 '개인병원'을 한다.[41]

사는 문제 때문에 편법이라도 동원해야 하는 점은 개인만 아니라 각급 단체, 기업소는 말할 것 없고 국가도 마찬가지일 것이다. 개인 이익에 주된 관심을 가질 법한 인물들을 돌격대 등 사회동원에 의미를 부여하거나 법적 교양대상자를 포용하고 있는 현실이 그 점을 말해준다.

박일명의 「눈보라는 후덥다」(≪조선문학≫, 2003. 5.)는 '백두산지구를 새 세기의 요구에 맞게 사회주의 선경으로 꾸리기 위한 건설' 사업에 참여한 처녀돌격대의 이야기이다. 이 작품은 백두산지구 혁명전적지 재건설 사업과 삼지연지구의 살림집 건설 사업[42]이 실제 배경이 되면서, 고이 자란 평양처녀 은옥도 견뎌내기 어려운 조건 속에서 주어진 혁명과업을 기어이 완수하는 모습을 그리고 있다. 이 작품에서 백두산이라는 혁명전통의 문제와 돌격대라는 시대적 인간전형을 동시에 보여줌에 주목할 필요가 있다. 현재 혁명대오에서 낙오하는 인민이 늘어

20.).
41) 20대 여성 개별면접(2006. 11. 25.).
42) 2002년 10월 량강도 삼지연 일대에 2, 3층짜리 주택 400여 가구를 건설하고, 1,000여 가구의 주택 보수공사를 완료했다. 중앙기관과 각 도의 돌격대원이 공사를 맡았다.

가는 체제 위기 속에서 혁명의 전위를 강화하고자 하는 현안이 들어 있기 때문이다. 은옥은 누구보다 헌신적이다. 그런데도 문제적이며 변화되어야 하는 인물로 그려진다.

은옥의 직업과 출신지역은 '부기원으로 일하던 평양처녀'로 경제난 속에 선망의 대상이 될 수 있다. 그런데 투쟁정신과 혁명성으로 단련한 적이 없다는 인물을 설정한 것은 양면성을 띠게 한다. 아바이, 은숙, 사촌오빠 등 여러 사람들이 은옥에게 호의적이며 힘들어할 때 도움을 주곤 했다.[43] 바꿔 말하면 은옥은 혁명적 교양의 대상으로서 부족한 여러 면이 개조되어야 할 인물이다. 은옥이 자신을 변화시키려고 돌격대에 자원하게 된 것은 텔레비전에 나온, 평양-남포고속도로 건설장의 청년돌격대원들 때문이다. 그들의 투쟁모습을 본 다음부터 자신도 한번 나가보고 싶은 생각이 들었던 것이다. 그렇게 '따라 배우기' 할 주인공을 세우고, 따라 배우는 실천자를 궁극적으로는 혁명적 인간으로 개조시키는 것이 작품의 주제가 되는 것이다. 여기서 드러나는 욕망은 '사회주의 교양'에 의해 부추기지만, 이면의 사적 욕망은 부기원으로서의 삶에서 나오는 '돈'의 가치로 매김이 된다.

부자의 욕망은 변창률의 「영근이삭」(≪조선문학≫, 2004. 1.)에서 잘 보여준다. 기존의 농업관리체제인 협동경리 속에서도 개인이익을 병행해서 인정하고, 실리추구형 인물을 긍정적으로 평가했다. 주인공 홍화숙네의 살림살이를 보면, '랭동기, 색텔레비죤, 록음기, 재봉기' 없는 게 없다. 돼지, 젖 짜는 염소, 토끼, 닭, 오리, 게사니(거위), 칠면조가

---

43) 이와 같이 인맥에 의한 생존 방식은 사적 영역에서 일상화되어 있는 생존 유지 형태이다. PS-38 참조.

앞마당에 가득하고, 텃밭농사로 겨울엔 박막을 씌워서 부루(상추), 쑥갓, 배추를 키우고 봄엔 감자를 심었다가 하지 무렵엔 고추로 옮기고 고추가을을 하고 나선 마늘을 심는다. 손바닥만 한 땅도 거저 놀리지 않는, 말 그대로 이악쟁이 살림이다. 이런 모습은 극한의 경제적 결핍에서 일반 주민들이 그릴 수 있는 보편적인 생존 욕망의 전형일 것이다.

김형수의「정향꽃」(≪조선문학≫, 2006. 4.)에서 쌍둥이 엄마(모판관리책임자, 애숙)도 비슷하다. 그는 햇내기 모판관리공 봄순에게 모판을 관리하면서 풀도 같이 관리하라고 했는데, 영순이 그걸 뜯어가 버린 것이다. 애숙이가 가만히 있지 않는다. 봄순의 눈에 비친 그의 모습은 이악쟁이, 드살꾼이다. 봄순이 새싹들을 보고 시가 떠올라 모판관리일지 뒤편에 시를 썼다. 애숙이 이것을 보고, "이 책은 글쓰기 연습장처럼 보이고, 모판귀퉁이에 바람이 새드는 것은 안 보이는가"고 호통을 친다. 이해해줄 법한 것도 햇내기한테 일일이 따지는 애숙이는 홍화숙 못지 않은 이악쟁이다. "모판이 뭐 제 터밭이라구 거기서 토끼풀까지 자래운 욕심인가. 갖가지 짐승을 다 기르다 못해 이제는 뜨락에 벌통이 놓이고 강남에서 물고올 박씨를 기다리는양 처마밑에 제비둥지까지 주련이 만들어놓아 사람들로부터 다람쥐네 고간같은 집이라고 하는 소리가 제딴에 칭찬처럼만 들리는게지. 가정을 꾸리자부터 제살림에 착실해진 이악쟁이, 분조에선 드살군……" 이런 모습은 주민들이 대부분 자구책으로 억척스럽게 살 수밖에 없는 상황임을 보여준다. 보통 노력의 경제활동으로 살아갈 수 없는 것이다.

이런 가운데 주민의 욕구는「영근이삭」의 결말에 홍화숙이 새 분조장에 추천되었듯이, 개혁에 직결되는 초급일꾼의 변신을 요구한다. 분조관리제의 원칙과 새로운 경제관리체계의 요구에 맞게 분조를 이끌어갈 수 있는 '시대와 대중이 바라는 일꾼'을 초급일꾼으로 세우는 일은 실질적인 생활문제 해결이 되기 때문이다. 이런 변화 욕구는 남의 등에 업혀 사는 사람들의 온상이 되는 집단주의의 맹점을 씻고, 생산성을 높이기 위해 능력에 따른 차별을 인정하는 방향으로 협동경리를 운용해야 함을 말해준다. 북한에서 개혁적 변화는 이런 모습에서 싹트겠지만, 이 또한 분조장이라는 기존 '제도'에 수렴시키고 있음은 변화를 조종하는 예방의 끈을 놓치지 않겠다는 분명한 의도를 읽을 수 있다. 그러나 이 점을 사적 영역의 확장으로 읽으면, 시장의 합리성을 인정하고 소자본 축적을 통해 주권적으로 성장할 길을 찾는 소시민적 욕망을 엿볼 수 있다.

3. 욕망과 사회체제상의 영향

북한의 생활에서 공적 영역과 사적 영역은 서로 뒤섞여 경계가 불분명할 때가 많다. 고난의 행군 시기를 거치면서 비사회주의적인 사람만 살아남았다고 말할 만큼, 기존의 공적 영역은 흔들리고 있다. 그러면서도 조직생활[44]을 통해 체제의 공고화를 위한 '사상투쟁'을 강력히 요구하고 있다.[45]

---

44) 여맹조직의 활동의 강화는 단적인 예이다. PS-27 참조.
45) "'집단적으로 술 놀이를 하며 술판, 먹자판을 벌여놓고 희귀망칙한 춤을 추는 등 우리식의 고상한 생활풍습을 좀먹는 행동을 하지 말 것. 비(非)사회주의 현상과 투쟁을 강하게 벌여 사회의 건전한 생활기풍을 확립하는 투쟁을 벌일 것. 비법월경자, 무직건달자, 방랑자, 행불자, 차판장사꾼, 유색금속

최근에는 일부 주민들이 학교들에게 돈을 주고 자식들에게 중국글, 중국말을 배워달라고 돈을 주고 있는 현상이 발생하고 있다. 일부 주민들 속에서 훈장과 메달을 팔아먹는 행동을 하고, 또한 조직규율이 약화됨으로써, '사람들이 조직을 무서워해야 하는데 개인을 무서워하는 현상, 그러니깐 호상비판이 하나도 없어지는 현상'이 벌어진다.46) 이런 행위는 "당에서 지시를 하면 다 움직여야 한다"지만 움직이는 사람 따로 있고 강 건너 불 보듯 하는 사람이 태반임을 짐작하게 한다.

이와 같은 현실은 개개인의 사적 욕망이 체제 순응과 충돌 가운데 상호작용하면서, 기존 체제에 균열을 일으킴을 말한다. 공식 사회를 변화시킬 수 있는 힘을 ① 공식체제의 통치행위에서 나오는 것과 ② 비공식적·개인적 차원의 변화가 공식 사회의 변화를 이끌어내는 것으로 나눠본다면, 사적 욕망은 양자에 은밀하게 내재한 것일 수 있다. 따라서 정치·경제생활에서의 사적 욕망, 남녀 사이의 사적 욕망을 비롯해, 사회적 일탈행위로 나타나는 사적 욕망들이 어떤 갈등 양상을 빚어내는지 주목하게 된다.

그런데 욕망에는 동기와 매개가 있다. 상승 욕망의 목표 항은 그냥 생기는 것도 아니고 바로 성취되는 것도 아니다. 그래서 그 과정에 벌어지는 매개항의 모델과 행위주체 사이에는 '갈등 관계'의 거리가 있

밀매, 화폐밀매꾼 등과 법적 투쟁을 강화할 것, 미신행위를 하거나, 불법출판물을 보고, 유포시키거나 사회건전한 분위기를 흐리게 하는 현상들과 투쟁을 강하게 벌일 것, ……청년들이 살인, 강간, 강도 등 강력범죄행위를 하는 현상에 대해서 강하게 법적 투쟁을 벌일 것' 등을 생활총화에서 강조함." 데일리NK 뉴스, 「北주민 '생활총화' 현장녹음 최초공개」(2006. 7. 24.), http://www.dailynk.com/korean/read.php?cataId=nk00100&num=26047

46) 같은 글.

음에 주목한다. 주체-매개-목표의 세 항을 이루는 삼각형의 구도(▷)에서 갈등 관계에 따라 순응형과 충돌형이 나온다. 개인의 사적 욕망들이 사회체제와 어떻게 순응하고, 무엇 때문에 충돌하고 있는가. '갈등'이 심한 경우, 행위주체가 세계와의 관계에서 반대 입장에서 대상과 대결함으로써 생겨난다. 그 충돌을 어떻게 대응하고 해결하는가 하는 문제는 '북한 체제의 균열'의 여지를 살펴보는 지표가 된다. 이때 나타나는 체제와의 관계 속에서 개인이 어떻게 행동하며, 특히 체제 저항적인 요인이 어떻게 작용하는지, 또 사회체제와 관계에서 어떤 인간형들이 증가하고 있는지 파악하여 사회변화 요인을 찾아본다.

1) 갈등적 영향

석남진의 중편소설 『비결』(문학예술출판사, 2002)은 체제 순응과 충돌, 갈등양상을 잘 보여준다. 작품의 발단은 3대혁명 붉은기를 쟁취한 고천식료공장 지배인 리중석이 아들의 장례에 다녀온 후, 자체발전소 건설을 '군인들의 정신'으로 하고, 생산과제도 동시에 하려고 결심한 것에서 시작된다. 중석의 아들 철명은 32세로 '안변청년발전소' 건설 결사대의 대장(중위)으로 군관복무 중 사망했다. 아들의 '렬사증'은 나라의 에너지문제를 푸는 데 한 몸 던졌음을 뜻한다. 그래서 중석은 공장의 에너지 문제를 공장자체발전소 건설로 해결하려고 한다.

지배인은 세네 마리 토끼를 한꺼번에 잡겠다는 마음을 굳게 먹었다. 자체 식료생산과제는 원료기지가 돌아가야 한다. 발전소 건설도 해야 하고, 사회동원과제도 떨어진다. 발전소 건설을 위해, 인원도 자재도 기술도 모두 자체로 해결한다. 거기에 배신과 갈등이 벌어진다.

사람 문제는 사랑 문제로 얽힌다. 전기기사 구병진은 공장자체발전소 운영에 필요한 변압기를 제작 중이다. 대안중기계공장에서 해결해야 하는 일이 안 되어 자체 해결에 나선 것인데, 그의 애인이 변심을 하는 일이 생겼으니, 일이 손에 잡힐까. 그는 군 행정경제위원회 부위원장 강만식의 처조카인 실험공 원정애와 사랑을 약속했는데, 1년 뒤 애인이 외화벌이기관으로 직업을 옮기더니 딴 남자와 약혼식을 해버렸다. 병진이 배신당한 것이다.

발전소 돌격대 청년들 사이에도 문제가 많다. 철명의 애인인 인숙은 철명이 죽었다고 말해줘도 공민증에 그를 남편으로 올려달라고 중석에게 애원했다. 또 철수는 자유주의를 하고 돌아다니다가 (장사를 한다고) 작업에 지장을 주었다.

이렇게 그들 속에 사랑과 생활의 욕망이 뒤얽힌다. 병진은 변심한 애인 정애와 그 약혼자에게 통쾌한 복수를 생각한다. "자기가 도달하려는 값 높은 이상의 승리로 그네들이 유혹된 저속한 세계에 대해 파산을 선고"하자는 것이다. 한편으로 또 병진은 정애가 직장을 옮긴 즈음에 최신 유행의 양복, 옷차림이 눈에 띄게 화려해지기 시작했던 것을 기억하며, 그 '저속한 세계'에 뛰어들어 복수하고 싶기도 했다. "나도 딴벌이를 나서면 지금처럼 허줄하게 살지 않을 자신이 있다. 그렇게 해 볼까, 젠장……."

하지만 중석은 돈과 사람을 저울질하는 것 이상 더러운 것은 없다고 병진을 돌려 세운다. 그가 없으면 발전소 건설에 지장을 가져오니, 그것도 욕망이다. 만식의 처조카인 정애 때문이니, 형님으로 불러왔던 만식에게 처신을 잘못한다고 한바탕 들이대고 싶은 심정이다. 그러나 지금 많은 사람들이 '고난의 행군'을 하고 있고, 여러 시련을 이기고 있다고 병진이 이겨내리라 믿는다.

또, 국토관리사업과 관련해 공장에 '사회동원과제'가 떨어진다. 중석은 식료공장에 배당된 운천강제방공사 작업구간을 보고 한숨이 나온다. 만식은 그 공사의 행정 책임을 지고 있었으므로, 중석에게 작업구간을 조절해줄 수 있다고 나선다. 이런 경우, 개인은 자기의 이익을 위해 비공식적인 관계를 만들고, 고이거나, 편법을 쓸 수 있는 방법을 동원할 수 있는데, 중석은 어떤 편법도 거부한다. 이처럼 그의 욕망들은 견딤으로 승화한다.

그러나 능력에 한계가 있다. 기사장 태렬은 자체 발전소 건설에 부족한 자재를 동원할 수 있는 '능력 있고 수완 있는 사람'을 한 명 공장에 받자고 제안한다. 군 외화벌이사업소에 있던 사람으로 수완도 좋고, 주머니에 돈도 두둑하다는 것이다. 그가 500크바 변압기를 자체로 만드는 것보다 1,000크바 변압기를 구입하겠단다. 자력갱생한다지만, 아무래도 전문가, 전문공장의 솜씨를 따르지 못한다며 사나이는 자신 있게 피력했다. 그 대신 공장의 생산물을 조금만 떼어달란다. 공장의 술맛이 좋아, 공장을 위해 외화벌이도 좀 하며, 술을 외화상점에 넘길 구멍수가 있고, 상표를 만들어 붙여 선전을 하면 외화가 나온다는 것이다. 사나이는 자기가 어느 기관의 후방사업을 했는데 거기 학교 교장을 녹음기 같은 물건으로 삶아 바닷가에 흔한 조개, 물고기, 미역 등으로 큰 이득을 보았다고 자랑한다.[47] 중석은 그가 허풍이 있고, 협잡꾼쯤

---

47) 이런 현상은 실제로 비일비재하다. "외화벌이한다는 것이 간부들 주머니나 채워주는 것이다. 학교 교장이면 소장인데, ……그 사람들에 한해서 외화 벌이해서 벌어서 윗대가리를 먹이는 그 돈이나 버는 것이다. 순 비리 현상이다." 50대 남성 개별면접(2006. 6. 24.).

으로 본다.

이처럼 생활과 욕망은 원칙, 후회, 타협, 자존심 등의 문제로 뒤얽히지만, 기실은 식료공장에 동원된 운전기사의 꿈처럼, "빨리 터밭이 있는 두 칸짜리 단층살림집에서 단란한 가정생활을 꾸리는 수준"으로서, 소박하기만 하다.

위와 같은 양상은 북한 사회 내부의 일상적 갈등일 텐데, 욕망의 매개적 인물이 되는 군 외화벌이사업소의 수완가는 '협잡꾼'으로 그려짐으로써, 그 밑바닥에는 외부세계와의 극단적 갈등을 깔고 있다. 실제 일상생활에서는 외화벌이가 사적 욕망의 중요한 매개자이다. 그것을 부정하는 만큼 갈등의 폭은 더 커진다.

> 평안북도 정주 교화소(단련대) 수감자 중 거의 90%가 모두 비법도강으로 처벌받은 사람들이다. 국경을 몰래 넘어갔다가 중국에서 붙잡혀 강제 송환되어온 사람들이 대부분인 것이다. 그런데 단련대에서 무사히 수형생활을 마치더라도 고향으로 돌아가 정착하는 사람들이 드물다. 애초에 먹고살기 힘들어 탈북했기 때문에 고향에 돌아간다 해서 생계유지에 별 뾰족한 방법이 없기 때문이다. 오히려 한 번 넘어가 살아봤기 때문에 더더욱 북한에 남아 있지 못하는 사람들이 많다. 이들 중 많은 이들이 재탈북을 시도하는 이유가 여기에 있다. 교화소 안에 있으면서 서로가 외부 정보를 몰래 주고받다가 출소하면 기회를 틈타 다시 국경을 넘는다. 이때 뜻이 맞는 동료들과 같이 하는 사례가 늘고 있다. 정주 교화소에서도 감옥에서 한두 사람을 더 포섭해 재탈북을 하는 경우가 많아, '교화소가 탈북자 양성소'라는 말이 돌고 있다. 전거리, 개천, 사리원, 천내, 강동 등의 교화소들도 사정은 마찬가지이다.[48]

손전화기(핸드폰) 통제가 심해지면서 한 번 적발되면 추방형, 두 번 걸리면 징역형으로 처벌되고 있다. 이 밖에 한국 영화나 드라마 등의 CD를 보면 무조건 추방, 심한 경우 본인에게는 징역형을, 가족은 추방을 한다. 이에 CD뿐만 아니라 CD 녹화기도 시장이나 상점에서 판매할 수 없도록 조치되었다. 이미 CD 녹화기를 보유한 경우 당국에 등록해야 하며, 볼 수 있는 목록도 북한 작품에 한정되었다. 다만 중국 모택동 시대의 전쟁 관련 영화나 구소련 시대에 제작된 일부 영화는 허용하고 있다. 이렇듯 손 전화기는 물론 외부의 소식이 들어올 수 있는 일체의 외국영화, 잡지, 텔레비전 방송 등을 엄격히 통제하고 있다.[49]

이와 같은 사실들은 내부세계와 외부세계의 극단적 갈등양상을 적나라하게 말해준다. 이를테면, 공식 방문비자로 나와서 중국에서 지낼 동안은 자본주의에 흠뻑 빠져 지내게 된다. 감시체계가 없는 것이 아니지만, 위성방송이나 인터넷을 통해 언어장벽 없이 남한 상황을 자유롭게 접하고, 외부세계에 대해 알 만큼 알게 된다.[50] 한 여성은 그러다가 귀국해야 할 즈음에는 스트레스를 호소한 경우도 있었다.

이처럼 사적 욕망은 외부 세계와의 관계 속에서 증폭되고 있고, 이는 내부와의 극심한 갈등요인으로 됨으로써 사회체제 변동의 틈을 만

---

48) (사) 좋은벗들 북한연구소 발행, ≪오늘의 북한소식≫, 제52호(2006. 12. 27.).
49) (사) 좋은벗들 북한연구소 발행, ≪오늘의 북한소식≫, 제56호(2007. 1. 24.).
50) "나는 세상물정을 알아도 많이 아는 축에 들어갔다. 왜냐하면 내가 장사하러 전국 각지를 많이 돌아다녔으니까. 그리고 중국에 몇 번 왔다 갔다." 50대 남성 개별면접(2006. 6. 24.).

들고 있다. 체제유지를 위해 이런 행위를 비법으로 몰고 있지만, 주민들의 새로운 욕망의 흐름에 중간간부들이 두려움을 느낄 정도가 되었다. 또 북한의 불안 또는 위협이 외부에 있다고 보는 견해를 뒷받침하듯, 북한 내부에 정보시장이 발생하고 있는 실정인데,[51] 이런 가운데 주민들의 사적 욕망의 갈등양상은 외부 자극의 요소가 무엇보다 큼을 확인시켜준다.

2) 화해적 영향

개인이 사회성원으로 살아가기 위해서는 권력에 순응하고 타협하지 않으면 안 된다.

할머니도 당원인 경우 공부를 해야 해서 시끄럽고 조직생활이 힘들다. 그렇지만 남자들은 입당 안 하면 모자란 사람으로 취급하고, 축에 끼지 못한다. 간부 기준으로 입당과 대학졸업은 기본이고, 돈이 있어도 권력이 없으면 안 된다. 큰 회사 사장도 검찰기관에서 검열 나오면 쩔쩔 매고, 검열에서 걸리면 해임되므로 검찰이 가장 무섭다.[52]

기존 질서의 와해는 또 다른 형태의 권력이 폭력적으로 작동할 공간을 만든다. 식당을 하다가 중국 단동에 합법적으로 방문을 한 사람의 생활상 단면을 통해 이를 살펴보자. 북·중 국경을 두고 밀수, 탈북 등

---

51) "골동장사, 마약 등에 대해 국내외적 감시와 통제 속에 그 출로의 하나가 해외가 수요하는 정보시장이다." 한○○ 개별면접(2008. 2. 24.).
52) 20대 여성 개별면접(2006. 11. 25.).

탈·비법적인 욕망이 충돌하는 양상과 다르게, 합법적으로 방문한 중국은 사적 욕망을 '공공연하게' 확대재생산하는 공간이 된다. 한국 위성방송이 나오는 숙소 안에는 차떼기 수입이 가능한 기회를 놓치지 않으려는 욕망이 가득했다. 대형 마대에 옷가지 등이 들어 있는 것이 예닐곱, 가스난로가 몇 박스 포장되어 있고, 크고 작은 박스가 마대 자루들 분량만큼 되어 보였다. 백화점을 돌며 부탁받은 생활의료기기를 구입하기 위해 상품형태를 복사한 종이를 보여주었다. 부탁받은 것은 바로 그 물건이어야 하는데, 그 가게에는 없다. 비타민제를 파는 곳으로 갔다. 얼굴에 잠지 같은 것이 나는 것을 낫게 한다고 8개월치를 산다. 토코페롤을 하루 한 알씩 먹는데, 250알짜리, 미제 비타민C를 합해 200위안을 주고 샀다. 그의 지갑에는 몇 천 위안이 들어 있다. 다음으로 보석가게가 많은 백화점 여기저기를 둘러보면서 귀걸이를 샀다. 이제는 백금이 유행이며, 살결이 희지 않으면 어울리지 않는다고 했다. 요란스럽게 알리지 않도록 단순한 모양을 원했다. 서브다이아가 장식된 것은 처음에는 보기가 좋지만, 닦지 않으면 더러워져서 싫다고 했다. 그런데 그런 보석이 박힌 두 겹 원 모양 귀걸이를 골랐다가, 그게 백금인 줄 알았다가 잘못 보았다고 선택하지 않았다. 여러 개 하트 모양으로 이어 원을 이룬 14K 귀걸이를 170위안에 샀다. 이런 지출을 대수롭잖게 생각한다. 그러고는 400원에 샀다는 24K 귀걸이를 '수매'하지 않느냐고 확인하여 되팔았다. 싫증이 나서 더 이상 하고 싶지 않기 때문이란다. 가방을 둘러보았다. 가죽이 부드러우면서 자연스러운 주름이 있는 것을 찾았다. 마음에 드는 형이었지만 색상이 맞지 않다고 사지 않았다. 다른 백화점으로 갔다. 아이들 선물을 일일이 사고, 자기가 애용하던 순금 귀걸이는 싫증이 난다며 또 다른 순금 귀걸이를 279

원에 샀다. 평소에 친구들이랑 먹을 것을 골라 먹기 위해 돌아다니지만 옷에는 별로 관심이 없다고 했는데, 800위안짜리 오리털 코트를 샀다.53)

경제적인 풍요로움을 누리는 그는 돈을 많이 가지고 있지만 돈이 없을까 가장 두려워했다. 합법적이면서도 경우에 따라 비법으로 몰려 몰수될 수 있는 '위기 속의 욕망'을 누리고 있는 까닭이다. 안정적 생활기반을 가지고 있다고 보이지만 그것은 불안정한 사회 속에 있다. 즉, 제도적·법적 관계 속에 이뤄진 부가 아니라는 뜻이며, 한편으로 그런 폭력적 권력과 타협하여 끊임없이 뇌물을 고이며 살아가야 한다.

북·중 변경은 비법 월경이 일상적으로 이뤄진다. 이런 상황의 주민의 경우 사적 욕망은 갈등으로 표출되지만, 합작, 합영을 통한 합법적 대외무역은 외부세계와 화해를 지향한다.

평양의 칠골민속관 식당을 <표 3-1>대로 합법적인 계약 절차를 거쳐 개설한 호주국적 한인 사장의 경우를 살펴보자.54)

그는 평양에 친척을 두고 있는 해외동포다. 평양에 투자를 했지만 실질적 이익은 없다. 애초에 이윤을 바라지 않았다고 한다. 조카들 중 한 사람을 지배인으로 세워, 그 친척들이 합법적으로 먹고살 수 있는 공간을 마련해주었다. 여기는 아파트 살림집이 밀집한 지역이라 편의점 역할을 하고, 식당은 결혼식 연회장으로 이용된다. 주민편의 공간이 제공된 셈이다.

식당의 영업허가는 재계약한 것인데, 계약 상대가 바뀌었지만 이전

---

53) 40대 여성 개별면접(2006. 11. 23.).
54) 식당 여사장과 개별면접(2006. 11. 26.).

<표 3-1> 북한의 영업허가증

```
                    영업허가증


    기 업 명 칭:  평양락원합작회사(칠골민속관)
    당 사   자:  우리측 - 내각사무국 재정경리부
                 상대측 - 연길락원식품유한공사
    기업 소재지:  평양시 만경대구역 칠골3동
    업     종:  민족음식전문식당. 떡, 참기름 판매(카운다)
                 청량음료, 식료 및 기념품 매대 포함
    등 록 자 본:  336,200 €
    국 가 승 인:  제244호 주체 94(2005)년 2월 7일
    존 속 기 간:  주체 109(2020)년 11월 30일(15년간)
    유 효 기 간:  주체 96(2007)년 3월 30일


              위와 같이 영업을 허가함
                조선민주주의인민공화국
                   경제협조관리국

              주체 95(2006)년 8월 29일
```

에 투자한 자본금을 손실로 상계하지 않고 인정하여 33만 6,200유로 그대로 재등록해 주었다고 했다. 형식적이지만 손실을 보전해주었던 계약 행태는 외부세계와의 관계에서 신뢰를 잃지 않으려는 노력으로 보인다. 말하자면 외부세계와의 화해도 추구하면서 내부세계의 이익을 확보하려고 한다. 이 점은 합리적 거래를 마련해나가고자 하는 단면으로 평가할 수 있다.

3) 욕망과 가치관 변화의 영향

김창수의 「차번호 ≪만 - 하나≫」(≪조선문학≫, 2000. 10~11호)는 한 지점의 노반공사를 하는 돌격대 청년들의 모습과 함께 사랑의 가치관을 엿볼 수 있다. 그들은 중장비는커녕 마대를 기워서 등짐을 지면서도, 실수를 허용하지 않는 투쟁정신으로 일했다. 혜선은 대대장도 결원인 대대의 실질적 지휘관으로서 책임을 받아 안았다. 만에 하나라도 소홀히 해서는 안 된다는 좌우명을 가진 그에게, 공사지점 대대 이름까지 '만 - 하나'로 불리는 가운데, 성격과 사건이 겹치며 이야기가 엮인다.

'만 - 하나'는 혁명정신을 상징하면서 갈등의 요소이기도 하다. 옛날 애인이었던 준섭이 평양시사단에서 일하다가 수리소대로 들어오면서 두 사람이 재회하면서 사건은 발전한다. 혜선과 준섭은 '만에 하나' 때문에 만나고, 또 그 때문에 헤어졌던 사이였다. 작년 살림집 건설에 쓸 골재생산전투를 할 때, 갑작스런 정전으로 골재세척기가 멎었다. 준섭이 변전소로 달려갔다. 어두워 남자인 줄 알았던 혜선이 왕변압기 속에 빠진 너트 하나를 건지는 일로 애쓰고 있었다. 만에 하나, 정전이 된 사이에 이기던 몰타르나 뽑던 쇳물이 잘못될까 봐 빨리 해결하기 위해, 혜선은 기름 속에 몸을 담가 발가락으로 너트를 건져 올릴 꿍꿍이를 하고 있었다. 준섭은 그 자리에서 당장 대신 기름목욕을 하겠다고 나섰다. 이 일이 계기가 되어, 두 사람은 단숨에 이해와 믿음의 길동무를 만났다며 서로 사랑하게 되었다. 그런데 오해가 생겼다. 자강도 출신인 준섭은 평양처녀를 반려로 삼아 남다르게 일해보고 싶었다. 수도(首都)의 맑은 정신과 문화로 교양된 처녀'인 혜선을 만났으니······

준섭은 자신이 일부 청년들이 어려워진 생활 때문에 수도처녀를 택하려는 것과는 다르다고 생각했다. 그런데 알고 보니 혜선은 자강도 출신이었다. 평양처녀의 도움을 받아 한자리 차지하려 했다고 혜선은 그를 떠나버렸다. 만에 하나의 티끌도 용납할 수 없는 혜선으로서는 그건 실수가 아니라 가장 아름다운 마음을 버렸다는 것이다. 준섭은 혜선의 마음을 돌릴 수 없었고, 사랑을 잃은 대신 새 생활신조를 운명적으로 받아들였다. 혜선은 그런 준섭의 변신을 몰랐다. 준섭은 헌 차를 말짱하게 고쳐 '만-하나'라는 차번호를 달아 대대에 기증하게 하고, 공사가 '만년대계'가 되도록 기초공사와 자재공급이 완벽하게 되게 했다.

이 작품을 스토리로만 읽으면 별다른 '변화'의 의미를 찾을 수 없다. '만에 하나'라는 완벽한 긍정적 인물전형은 북한 문학에서 수없이 그려온 영웅들이다. 주목할 만한 것은, 긍정적 인물을 부정함으로써 또 다른 긍정적 전형을 찾아가는 혜선과, 긍정적으로 발전한 입체적 인물 준섭 사이에 선명한 갈등구조를 엮어낸 점이다. 김창수는 갈등구조를 통해 혜선을 더욱 '고상한 인물'로 반전시킴과 동시에, 그 이면의 사랑의 감정을 팽팽한 내면 갈등 심리로 잡아낸다.

혜선은 달아나야겠다고 생각했다. 그러나 발이 얼어 붙은듯 통 움직여낼수가 없었다.
밤인것이 얼마나 다행인지 몰랐다.
그러나 그는 먹물을 풀어놓은것 같은 어둠속에서도 준섭이가 지금 박달나무들에 송탄유를 알심 있게 칠해가고 있는 모습을 똑똑히 보았으며 과일향기마냥 은은히 풍겨오는 그의 만년대계정신도 너무도 잘 감수할수 있었다.

혜선이 준섭을 재인식하는 이 장면에서 보여주듯, 내면적 갈등을 심도 있게 파고듦은 개성의 비중을 높여가는 전형 창조라 할 만하다. 따라서 작가가 '만에 하나'의 정신을 청년전위들의 순결한 양심이며 충실성·수령결사옹위의 실제적 힘이라는 '종자'로 구현하여 썼더라도, 갈등의 구조는 새로운 의미로 받아들이게 한다.

정영종의 「후사경」(≪조선문학≫, 2001. 1.)도 김창수의 「차번호 ≪만-하나≫」를 연상시킨다. 두 작품은 연애심리를 그리면서, 억척같은 여자 주인공이 남자 주인공을 분발시켜 돌격대로 끌어들이는 기본 소재가 비슷하다. 1인칭 시점의 사랑이야기가 흔하지 않은데, 「후사경」은 첫 장면부터 "사랑은 아픔이기도 하다고들 한다. 과연 그럴는지……명백한 것은 나의 경우 그 사랑이 아픔으로부터 시작된 것만은 틀림없다는 것이다"란 말로 호기심을 일으킨다.

주인공 인수의 조국애는 사회주의 미덕이 충만한 여성에게 느낀 사랑이 동기가 되었다. 주제가 연애감정보다 소미천발전소 건설과 돌격대원의 헌신성에 있다고 하겠지만, 이 작품의 중요한 모티프는 인수를 변화시킨 '꽉새'에 있다. 꽉새는 몸집이 너무 커서 땅에서 날지 못해 벼랑에만 둥지를 틀고 사는데, 어쩌다 땅에 내려앉기라도 하면 한 치 한 치 벼랑꼭대기에 톺아 올라 날개를 펼치는 새다. 태희는 이 새에다 도저히 전진할 수 없는 파탄의 현실에서도 한발씩 온몸으로 가는 '자력갱생'의 길이라는 의미를 부여했던 여성이다. 인수의 꽉새는 이성에 대한 남다른 첫 감정을 환기시켜준 것을 넘어 한 생의 주춧돌로 되는 사랑과 조국애를 말한다. 하지만 인수에게 꽉새는 태희의 현현이다. 그 점은 인수가 영채를 처음 보았을 때 사랑하는 누군가와 착각하고 있음을 영채가 재빠르게 눈치 채고 있다는 데서 알 수 있다. 또 대단원에서 태희의 질문이었던 "꽉새가 어떻게 나는지 아오?"라는 말을, 인수가 다시 영채에게 정색하여 물었다. 그것은 의미를 모르는 태희보다 독자에게 던진 상징이라 할 것이다.

이 소설은 돌격대원의 '영웅적인 모습'과 조국애를 주제로 한다. 인수가 말하는 조국애의 강조는 경제파탄으로 인해 불가능해진 건설사업보다 '목숨대고 벌이는 사상의 대결장'이라는 정치적 함의가 짙다. 하지만 '무거워도 힘겹지 않은 고난의 짐'에서 사랑의 의미를 앞으로 끌어냄으로써 정치적 외연의 굴레를 벗고 스스로 지는 사랑의 아픔이 담긴 '변화'를 감지하게 한다.

송출언의 「뜨거운 눈」(《조선문학》, 2004. 10.)은 세 사람을 차례로 주인공으로 삼아, 입체적 관점이 가능하도록 각기 1인칭 시점을 이용했다. 첫째, 전문학교 졸업생으로 피복 공장 회계원인 은경이 화자가 된 시점이다. 내가 보는 배우자상은 "성실성과 순박성만으로 남자의 장점을 대변할 수 없고, 보다 과감하고 열정적이며 줄기찬 것이 더 좋다"는 쪽이다. 남자다운 기품과 높은 지성에 끌려 한 생을 살고 싶은 것이다. 그런데 그(김진철)는 소심하고, 춤을 추지 못하면서도 밖에서 구경만 하고 배울 생각은 않으며, 처녀에게 마음이 있으면서도 말은 못 한다. 그가 나에게 사랑을 고백했을 때, 나는 "할 일도 많고 아직, 가정이라는 울타리에 포로가 되어 구속받고 싶지 않다"고 거절했다. 그런데 나는 백두산지구 혁명전적지, 혁명사적지를 더 잘 꾸리기 위한 건설에 탄원해갔는데, 그곳의 지휘관인 중대장이 바로 김진철이었다.

둘째, 진철의 시점이다. 실패한 첫사랑 은경을 만난 나(진철)는 충격을 받는다. 나는 그에게 왜 반했는지 회상한다. 아름다운 용모? 발랄하고 곧은 성품? 지금은 그가 '백두산성지건설'에 와서 달라지긴 했지만,

평범한 것을 좋아하지 않는 처녀의 성품이 하루아침에 달라지리라고 기대하지 않는다. 그런 처녀를 날마다 보아야 하는 것이 괴롭다.

셋째, 관찰자 봉식의 시점에서 '나'는 은경과 중대장이 과거에 알고 있던 사이임을 알게 되었다. 처음에는 두 사람이 사랑하는지 몰랐다. "평범한 인간들이 여기 백두산에서 투사로, 영웅으로 성장했다." 그것은 '백두산식 사랑'의 중매자 역할을 한다.

여기서 주목할 것은 세 사람의 '나'가 등장한다는 것이다. 개인의 욕망과 개성적 가치가 집단과 사실상 대등하게 놓으려 한다.

이와 같은 작품 속에서 사랑을 읽으면서, 내면갈등과 개성에 대한 비중, 시점의 변화 등은 집단주의 가치가 흔들리고 있는 측면을 엿볼 수 있다.

김혜성의「열쇠」(《조선문학》, 2004. 4.)는 비사회주의 검열에 걸리지 않을 사람이 없는 현실과 사회주의 재교양 문제를 짐작하게 하는 작품이다. '나'의 남편인 충국이 아버지는 고난의 행군 시기에 '모두가 신념을 지키고 조국을 지킬 때' 자신도 지키지 못한 '불량배'였다. 그는 '불도젤'의 기름을 훔쳐서 술과 바꾸는가 하면, 술친구의 텃밭을 일궈주다가 '불도젤'을 벼랑에 굴러 떨어지게 해서 '법적제재'를 받았다. 자기밖에 모르고, 출근하기 싫으면 술과 놀음으로 시간을 보냈던 그가 '법적교양'을 받고 돌아와서는 이미 헤어져 살고 있는 아내의 마음을 돌려놓기 위해 노력하는 모습을 보여준다. 작품에서 아내가 남편을 용서하고 받아들이는 쪽으로 결말이 나는데, 이것은 법적 교양대상자에 대한 처벌보다는 사회재편입이 현실적으로 더 요구되는 문제임을 보여준다.[55]

하지만 이 작품을 뒤집어 읽으면 여성들의 경제력과 의식성장이 가

부장적인 사회에 대한 도전을 비롯해 사회변화의 잠재력으로 작용하고 있음을 짐작하게 한다. 경제난 이후 비공식 경제활동인 장마당 장사를 여성이 주도했고, 역설적으로 여성의 새로운 물적 토대를 마련할 수 있었다.56) 이런 상황에서 파생되는 여성의 욕망을 「열쇠」에서처럼 '순종의 미덕'으로 다시 덮으려 하고 있음을 알 수 있다.

사랑은 가장 일반적인 사적 욕망일 수 있는데, 위 작품들을 통해서 읽을 수 있는 중요한 징후는 가치관의 변화에 있다. 사랑의 내면적 요구와 개성의 비중을 높여가고 있음은 집단주의 가치에 대한 명백한 도전이다. 이 가운데 특히 여성의 자존적 욕망이 물적 토대를 만들고 있

---

55) "일상 속에 비법행위는 만연한 일인데, 비법적인 장사의 일례로, 북한에서는 CD-R이라 하는 한국영화를 가지고 다니면서 장사를 했다. 그런데 그것을 막노동자들은 얼마 안 샀고, 주로 대대장, 정치지도원 이런 사람들이 샀다"(PS-7). "고난의 행군 때 남편 없이 여자가 혼자 힘으로 벌어, 디젤유 여섯 드럼 값 3만 6,000원(아파트를 세 채 살 수 있는 돈)을 투자했다. 1996년 디젤유 사건이 나서 기름을 가져간 사람에게 한 푼도 못 받게 되었다. 억울하여 초급당비서에게 부탁했지만 서로 좋게 해결해야 한다고 돈을 떼이고 말았다"(PS-26-1).
이런 사례처럼 비법행위가 관료와 연루된 일종의 생존사슬이 되어 서로 눈감아줄 수밖에 없는 상황이다.

56) "엄마도 내게 '이 다음에 시집가면 나한테서 살겠다' 이런 기대가 많았다. 오빠가 있었는데도 나한테 많이 의지하는 말을 많이 했다. 그러니까 차마 나도 대학에 가고 싶다고 생각할 수 없었다. 집안을 살리자면······ 입당해서 돈이 생기는 것도 아니고 고모네가 아들이 장사를 해가지고 살아서 도움을 받으러 갔는데, '너네 집이 망했다'고 비웃었다. 내가 17살 때부터 결심 품은 게 돈을 진짜 많이 벌어가지고 남보다 더 잘살겠다는 것이었다. 졸업하자마자 내가 장사 다녔는데, 내 욕망뿐이다. 진짜 열심히 일주일에 두 번씩 차 타고 다녔다"(PS-1).

는 현실, 생존을 위해 가정경제를 책임지다시피 하는 사회현실 속에서 성장하고 있는 여성의 힘은 기존의 가치관과 크게 충돌하는 지점을 만들고 있음을 확인하게 해준다.

4) 욕망전형의 변화 의의

갈등은 바깥세계와의 관계에서 행위주체가 반대 입장에서 대상과 대립함으로써 커진다. 바깥은 자본주의 현상과 접촉을 의미한다. 고난의 행군 시기를 거치면서 시장화의 효과는 '돈'이 사회주의 이념을 대체하고, 따라서 쉽게 자본주의 인간형에 물들게 되어 있다. 공적 영역의 집단주의 가치관과 배치되는 사적 욕망이 그에 따라 늘어갈 수밖에 없다.

그 결과 점차 자본주의 사회의 중산층을 닮고 싶은 욕망이 커진다. 외국 방문을 경험한 상류층의 경우는 더욱 그렇다. 가치관의 변화에는 당국의 입장에서는 단속과 규제로 나오고, 개인의 입장에서는 기존 사상이념을 대체하는 가치를 찾게 된다.

북한 당국은 전국적으로 지난해 10월 10일부터 대대적 단속에 들어갔다. …… 단속이 심해지자 주민들은 "어느 집에서든 사돈에 팔촌까지는 꼭 감방살이 하는 사람이 있다"는 말들을 많이 한다.

단속 대상에서 사회에서 범죄를 저질렀거나 빚을 지고 국가 재산을 탕진한 자들, 외국에 친척이 있어 불법으로 연계를 가지거나 접촉한 자들, 사회에 불만이 있고 무리지어 술 마시고 싸움질하는 자들, 종교를 퍼뜨리고 미신을 전파하는 자들, 전문적으로 탈북을 도와주고 돈벌이 하는 자들, 가족에 탈북자가 있어 연계를 가지고 있는 자들, 손 전화기를 휴대하고 있는 자들, 국내 비밀을 외국에 팔아먹는 자들, 외국과의 연계를 대주는 자들, 강도질과 절도질 하는 자들, 탈북을 시도하는 자들, 장기적으로 직장에 나가지 않고 집체생활에 참가하지 않는 자들 등이다.[57]

단속 대상의 대부분이 외부세계와의 불법적 연계를 문제로 본다. 내부세계의 사적 욕망에 내포된 비법적인 내용이 주로 외부세계의 가치관과 결합되어 있다는 뜻이다. 내부와 외부의 갈등이 크고, 사회불안 요인이 증대되어 있는 상황에서 미신행위는 일종의 안전망을 찾는 새로운 욕구가 된다.

사회의 총체적 위기에 대한 대처와 같은 의미를 지니는 행위는 결혼, 이혼 문제의 인생 대사는 말할 것도 없고, 잃어버린 물건을 찾거나 운세에 맞는 날짜를 받는 따위의 세세한 일상사까지 신력(神力)에 의존하는 태도를 보인다.

주민들뿐만 아니라 간부층에도 미신이 확산되어, 심지어 단속해야 하는 법 기관, 군부, 당 기관 사람들조차 생활이 어렵거나 병이 생기거나 일이 생기면 관상쟁이, 점쟁이를 찾는 일이 보편화되었다. …… 주민들은 사회 불안, 미래 불안에 대처할 방법을 찾지 못하기 때문에 미신이 근절되지 않고, 되레 이런 현상과 편승하여 돈벌이를 하는 간부들도 나왔다. 보위부와 보안서 보안원들은 자신들만 취급하는 주민들의 동향과

---

[57] (사) 좋은벗들 북한연구소 발행, ≪오늘의 북한소식≫, 제57호(2007. 1. 31.).

배경을 기록한 개인 신상 문건을 이용해 점쟁이와 동업자가 된다. 이들은 신상문제로 점칠 것을 유도하고 큰돈을 받아낸다(요약 인용).58)

일상을 신의 힘에 의존하는 일은 생존의 1단계 안전의 욕구를 채우는 의미를 가지면서, 개인의 생존행위의 동인(動因)에 성격변화가 일어났음을 말한다.

  신앙이 부재한 상황이니까…… 획일적인 주체사상이라든지 혁명성 이런 것은 실생활에 도움이 안 되지 않는가? 생활의 여러 경우에 대처하는 좌우명, 가르침이 필요한데 그런 것들이 없으니까, 소설, 명언집 그런 쪽에서 찾아야 한다. …… 서로 돌려봐서, 보풀이 난 명언집에서 필요한 조항들을 내 수첩에 옮겨 적는다. 삶의 지혜를 찾는 것이다. …… 명언에도 없는 그런 경우에 부닥치면, 미신을 찾는 거다(PS-10-2).

북한 사람들은 명언을 좋아한다는 그의 말은 기존의 사상이념에서 내면적으로 이탈하고 있는 변화를 반영한다. 돈이 목숨과 같다고 알고 있고, 돈을 많이 가진 사람도 파산의 불안을 갖고 있는 것을 보면, 개인의 가치관에 사실상 반사회주의적 욕망의식이 자리 잡은 것이다. 이것은 집단주의 가치관에 따라 이뤄지던 배급제, 무상교육, 무상치료와 같은 사회보장이 거의 통하지 않고, 사회불안에 개인적으로 대처해야 하는 상황에서 온 결과이다.

---

58) (사) 좋은벗들 북한연구소 발행, ≪오늘의 북한소식≫, 제52호(2006. 12. 27.).

여기서 생리적 욕구, 안전에 대한 욕구 등 생존의 초보적 욕구가 사회주의 안전망이 무너짐으로써 대응하는 개인의 행동 동인의 변화를 어떻게 볼 것인가. 이것은 북한 사회 사회변화의 성격을 평가하는 새로운 측면이다. 사회주의 경제의 붕괴의 결과로 자본주의 시장화의 요소가 싹트고 있다고만 볼 수 없다. 미신이나 행동의 좌우명을 가르쳐주는 명언집에 대한 관심은 늘어난 사적 욕망의 성격을 반영한다. 즉, 욕망의 성격은 매슬로우가 말한 성장의 욕구보다 결핍욕구에 강하게 집착하고, 욕망의 단계로 말하면 낮은 단계의 욕구에 머물러 있다.

따라서 욕망을 추동하는 매개자가 사상이념, 사회적 영웅에서 돈이 제일인 것으로 변화한 의미는 자본주의 시장으로 전진한 것으로 단순 평가하기 어렵다. 문학작품 속에서는 외화벌이일꾼을 거의 모두 부정적으로 그렸다. 그런데 주민생활에서는 돈 중심으로 움직이는 반대 현상이 나타났다. 공적 영역과 사적 영역의 극단적 간극은 그만큼 불안한 사회에 대한 안전 욕구가 크게 작용하고 있음을 말해준다. 이 작용은 현실적으로 체제권력에 순응하면서 광범위한 부정부패의 고리를 만들고 있음으로써, 쉽게 체제붕괴가 될 수 없는 내구력으로도 된다.[59]

---

[59] "북한은 법이란 보장해주려고 생긴 것이 아니고 ……자기 이익을 위해 생긴 법이지, 말로는 그렇지만 자기네 관계에 돈이나 빨아먹을 것이 없으면 법도 취급 안 한다. ……뒤에서 비리를 빨아먹을 수 없는 사람 같은 경우에는 법에 잡아넣고, 돈이나 있는 사람은 잡아서 시끄럽게 해서 돈이나 뽑아먹고 한다. 돈이 없는 사람은 죄가 약해도 크게 만들고, 그리고 돈 없는 사람은 돈 잘 벌 수 있는 길은 범죄밖에 없으니까." 50대 남성 개별면접(2006. 6. 24.).

4. 결론

앞에서 북한 사람들의 일상생활을 미시적으로 이해하기 위해 사적(私的) 욕망을 살펴보았다. 욕망을 표출함에 있어서 북한의 정치 및 사회 현실과 무관할 수 없다는 측면에서 크게 세 가지 유형으로 나눴다. 첫째, 정치 지향형에서는 권력을 이용하여 자기 개인의 욕망을 실현하기 위해 타협적인 태도가 많이 나타났다. 그만큼 부정부패가 많아진 것이다. 또한 정치적으로 과도하게 주민의 삶을 지배하고 있기 때문에 개인들은 불만이 많았다. 즉, 타협과 갈등 양상을 동시에 보이고 있다. 그렇지만 작가는 작품 이면에 비판의식을 표출하는 인물전형을 그려냄으로써, 주민들 사이에 체제 비판적 의식이 싹트고 있는 단면을 반영했다.

둘째, 기술 전문가형은 전문영역을 통한 신분상승 욕구를 강하게 표출했다. 간부가 되려면 대학 졸업은 필수이다. 비공식적인 사적 시장까지 만들고 있는 교육열은 극단적 사회양극화를 뚫고 신분상승을 위한 발판이 되었다. 작품에서는 그런 욕망을 표출할 수 없다. 과학자는 집단주의 세계관, 당성이 투철해야 하고 당이 요구하는 자력갱생에 복무해야 한다.

셋째, 돈이 떨어지면 목숨도 끝이라고 할 만큼, 생존 경제형은 돈에 대한 욕구가 강하게 나타났다. 이때 생존의 의미는 목숨을 부지할 경제력만을 뜻하지 않았다. 돈벌이가 대부분 비법적일 수밖에 없는 상황에서, 돈과 권력이 밀착되어 반사회주의적 범죄와 부정부패가 만연하고 있다.

북한사회는 이제 욕망을 추동하는 매개자가 사상이념, 사회 영웅에서 돈이 제일인 것으로 변화했다. 앞에서 지적했듯이, 이 점은 자본주의 시장으로 전진한 것으로 단순 평가하기 어렵다. 공적 담론에서는 외화벌이일꾼을 거의 모두 부정적으로 말하지만, 주민생활에서는 그 반대 현상이 나타났다. 이와 같은 극단적 간극은 불안한 사회에 대한 안전 욕구가 가장 크게 작용하고, 현재로서는 그것이 돈이라고 생각하고 있음을 보여주었다. 이 작용은 현실적으로 체제권력에 순응하면서 광범위한 부정부패의 고리를 만드는 현실로 나타났다. 국가권력이 붕괴되어 있는 것 같으면서 역설적으로 체제를 유지시키는 모순을 재생산하고 있는 것이다.

이와 같은 연구는 북한의 급격한 현실 변화를 부분적으로 반영할 뿐이다. 남북관계, 국제관계에 의해 주민생활은 직접적 영향을 받고 있다. 최근 현장조사에 의하면, 이미 주민들은 남한의 영향을 크게 받고 있고, 이 점에서 정권은 긴장하고 있다고 한다. 일례로 서울 표준말을 쓰는 젊은이가 늘어나, "서울에서 전화왔다"는 농담이 생길 정도가 되었기 때문이다.[60] 특히 중국과의 국경지대를 통해 비법월경과 함께 빈번하게 일어나는 공식적 접촉은 실질적인 경제생활형편과 직결되지만은 않는다. 자본주의 사회와의 접촉 영향으로 인해 가치관의 변화와 함께 욕망 증폭의 진원지가 되고 있는 것이다.

특히 욕망을 통해서 읽을 수 있는 중요한 가치관의 변화 징후에 주목을 요한다. 이를테면 사랑의 내면적 요구와 개성의 비중을 높여가고 있음은 집단주의 가치에 대한 명백한 도전이다. 여성의 자존적 욕망이

---

60) 류경원, "철민아, 서울에서 전화왔다!" ≪림진강≫, 제1호(2007. 11.), 138~139쪽.

물적 토대를 만들고 있고, 자각적 의식이 성장하는 힘은 기존의 가치관에 도전하는 지점을 만들고 있다고 평가할 수 있다.

이런 변화의 의미를 심층적으로 추적하는 욕망 연구는 현장과 더욱 밀접한 조사에 의해 보완되어야 하는 과제로 남는다.

참고문헌

김상현. 2002. 「영원한 삶의 노래 - 한 정치일군의 수기」. ≪조선문학≫, 11호.
김정일. 1993. 『김정일선집 2』. 평양: 조선로동당출판사.
김창수. 2000. 「차번호 ≪만-하나≫」. ≪조선문학≫, 10~11호.
김형수. 2006. 「정향꽃」. ≪조선문학≫, 4호.
김혜성. 2004. 「열쇠」. ≪조선문학≫, 4호.
김홍철. 2000. 「풋강냉이 ― 한 공훈광부의 이야기」. ≪조선문학≫, 9호.
리신현. 2002. 『강계정신』. 평양: 문학예술출판사.
박원성. 2001. 「광맥」. ≪조선문학≫, 3호.
박 윤. 2006. 「그대의 심장」. ≪조선문학≫, 5호.
박일명. 2003. 「눈보라는 후덥다」.≪조선문학≫, 5호.
백보흠·송상원. 1997. 『영생』. 평양: 문학예술출판사.
변창률. 2004. 「영근이삭」. ≪조선문학≫, 1호.
석남진. 2002. 『비결』. 평양: 문학예술출판사.
송출언. 2004. 「뜨거운 눈」. ≪조선문학≫, 10호.
양해모. 2000. 「결석대표」. ≪조선문학≫, 10호.
오광철. 2000. 「높은 요구」. ≪조선문학≫, 11호.
_____. 2003. 「대학시간」. ≪조선문학≫, 8호.
오영재. 1985. 『대동강』. 평양: 문예출판사.
_____. 1997. 「위대한 령도자」. ≪조선문학≫, 2호
_____. 2001. 「아쉬워도 보람 있는 삶-한 비전향장기수에게」. ≪조선문학≫, 5호.

정영종. 2001. 「후사경」. ≪조선문학≫, 1호.
최 련. 2006. 「축복」. ≪조선문학≫, 4호.
최치성. 2006. 「인생의 한여름에」. ≪조선문학≫, 6호.
편집부. 1983. (머리말)「당의 사상과 의도를 높이 받들고 문제성있는 문학 작품을 대담하게 창작하자」. ≪조선문학≫, 4호.
한웅빈. 2001. 「스물한발의 <포성>」. ≪조선문학≫, 4~6호.
허문길. 2006. 「욕망, 고민, 교훈……: 다부작장편소설 ≪력사의 대결≫을 창작하고」. ≪조선문학≫, 4호.
≪로동신문≫, 2003. 3. 21. "사설: 선군사상은 우리 시대 자주위업의 필승불패의 기치이다," 1면.

공영길 취재·최진이 정리. 2008. 「"제18호 관리소"의 흑막(제1회)」, ≪림진강≫, 서울: 림진강출판사, 제2호.
김경훈. 2006. 『대한민국 욕망의 지도』. 서울: 위즈덤하우스.
노귀남. 2004. 「체제위기 속의 북한문학의 대응과 변화」. ≪민족문화논총≫, 제29집. 대구: 영남대학교.
류경원. 2007. 「철민아, 서울에서 전화왔다!」. ≪림진강≫, 제1호.
_____. 2008. 「조선의 경제관료 극비 인터뷰: 우리나라의 경제형편(중)」. ≪림진강≫, 제2호.
세종연구소 북한연구센터 엮음. 2005. 『북한의 경제』. 서울: 한울아카데미.
양문수 외. 2007. 『북한의 노동』. 서울: 한울아카데미.
임순희. 2006. 『북한 여성의 삶』. 서울: 해냄.

(사) 좋은벗들 북한연구소 발행. ≪오늘의 북한소식≫.
≪데일리NK≫. 2006. "北주민 '생활총화' 현장녹음 최초공개." 2006. 7. 24. http://www.dailynk.com

제4장

북한 체제 내 사적 담론 형성의 가능성
공적 담론 위기를 중심으로

| 이우영 |

1. 문제 제기

　북한의 사회체제는 높은 수준의 사회통합능력을 유지해왔다고 볼 수 있다. 사회주의 국가건설 과정에서도 그렇지만 1980년대 후반부터 심화되고 있는 체제위기에서도 현 체제를 유지할 수 있는 원인 가운데 하나가 고도의 사회통합 능력이었다고 할 수 있다. 북한의 사회통합 능력은 강력한 물리적 억압체제에서 기인하는 것이기도 하지만 동시에 자발적 동의를 이끌어낼 수 있는 이념적 억압체제의 유지에도 유래하고 있다고 할 수 있다.

　특히 다양한 언론매체를 완벽하게 통제하는 동시에 외부정보의 유입도 강력하게 억제함으로써 일방적인 정보만 유통되게 함으로써 체제지향적인 정치적 담론만이 가능하게 했다고 할 수 있다. 이러한 상황에서는 이념적인 차원에서뿐만 아니라 일상적인 사회적 담론도 획일화되고, 사회구성원의 세계관도 동질적이게 된다. 예를 들어 미국을 비롯한 외부 국가들에 대한 인식뿐만 아니라, 가족의 역할이나 여가의 의미 등 일상적인 의식도 동일한 수준에 머무르게 된다는 것이다.

선전선동을 통한 윤리적 동기유인이 사회주의체제의 본질의 하나라는 차원에서 북한의 언론 통제와 담론의 배타적 지배는 북한식 특성만은 아니라고 할 수 있다. 그러나 그 정도와 효과는 다른 사회주의체제와는 분명히 차이가 있었다고 볼 수 있으며, 이것이 북한의 체제유지의 또 다른 배경이라는 것이다. 이런 맥락에서 북한 체제의 장기존속을 해명할 수 있는 중요한 키워드 중 하나가 국가의 지배담론이라고 할 수 있다.

반면 북한 체제의 변화과정을 설명하기 위해서는 지배담론의 지속과 균열을 주목할 필요가 있다. 특히 북한에서는 1990년대 이후 대내외적 위기의 심화국면에서 국가의 지배담론 재생산 기제에 심각한 균열이 발생하고 있다고 볼 수 있다.

무엇보다도 체제존속을 위하여 불가피하게 받아들일 수밖에 없는 개방정책은 외부체제와의 접촉면을 확대하여 외부 정보의 유입을 불가피하게 했으며, 악화된 경제난에서 비롯된 공교육체제의 부실은 공식 담론의 가장 핵심적 전달기제를 약화시켰다고 할 수 있다. 이러한 가운데 붕괴에 직면한 국가 주도의 기업시스템은 단순히 경제 문제에 그치는 것이 아니라 직장을 중심으로 사회구성원을 옭아매었던 조직적 통제를 약화시켜 사회이동의 폭발적 증가를 허용하였고 이는 체제 내의 새로운 정보유통의 활성화를 동반했다고 할 수 있다. 또한 국경지역을 중심으로 한 북한 이탈 주민의 증가와 공식 비공식적인 무역을 목적으로 하는 중국 상인 왕래의 빈번화도 외적 정보가 유입되는 또 다른 경로로 발전하고 있다고 할 수 있다. 또한 2000년 남북 정상회담이후 활성화된 남북교류도 제한적이라고는 하지만 새로운 정보유통의 통로가 되었다고 할 수 있다.

본 연구는 북한 체제 변화의 양상을 알아보기 위해서 지배담론의 변화 과정에 주목하고자 한다. 일반적으로 지배담론의 변화는 대항담론의 형성과 잇닿아 있다고 볼 수 있다. 즉, 대항담론의 형성은 역으로 지배담론의 균열이며 동시에 대항담론의 성격은 사회변화의 양상을 전망하게 해준다고 할 수 있다.

대항담론은 여러 가지 차원에서 가능하지만 본 연구에서 검토하고자 하는 것은 사적 담론이다. 강력한 사회통합을 유지하고자 한 북한에서 공적 영역이 포괄하는 정도는 대단히 넓다고 할 수 있다. 정치적 영역뿐만 아니라 일상생활에까지 다양한 통제시스템을 구축한 북한에서는 사적 영역은 지극히 제한되어왔다. 당조직과 작업장 그리고 인민반에까지 이르는 다층적인 생활총화가 대표적인 사례가 될 터인데 이와 같은 사회적 상황에서 사적 영역은 축소될 수밖에 없다. 사적 영역의 축소는 사적 담론도 제한된다고 볼 수 있다. 이러한 맥락에서 사적 담론이 형성되는 것은 그 자체로서 지배담론의 균열과 새로운 대항담론 형성의 토대가 될 수 있다고 할 수 있다.

이 연구는 북한 체제의 변화전망을 드러낼 수 있는 부분으로 사적 담론의 형성 가능성을 검토하는 것이다. 따라서 북한의 사적 담론 형성과 관련된 논의의 준거점을 마련하기 위해 사회주의체제의 담론구조의 특성을 검토할 필요가 있다. 특히 공적 담론과 사적 담론 간의 관계적 상호작용에 주목해서 살펴볼 것이다. 공적 담론이 지배적인 체제에서 사적 담론은 어떤 형태로 존재하고 있는지 그리고 공적 담론과 사적 담론이 어떤 역할분업구조를 갖고 있는지와 공적 담론이 지배 위치를 잃게 되는 전환기 사회주의체제에서 어떤 경로와 어떤 형태로 사적 담론이 만들어지는가를 검토할 것이다.

또한 북한의 공식담론 형성의 주요 기제를 교육, 조직활동, 언론을 중심으로 규명하고 1990년대 위기상황 속에서 이 기제들이 원활히 작동하지 못하게 된 원인을 검토할 것이다. 경제난에서 비롯된 기업 활동의 실질적 붕괴와 배급제의 와해로 비롯된 전통적인 조직생활의 붕괴가 담론형성에 어떤 영향을 미치고 있으며, 물적 토대의 약화로 초래된 교육체제의 변화와 전형적인 정치사회화 기제의 기능저하가 공적 담론에 어떤 문제를 야기했는가를 분석할 것이다.

그리고 사적 담론의 구체적인 형성 여부를 두 가지 자료를 바탕으로 고찰하고자 한다. 하나는 북한 이탈 주민의 증언이고, 다른 하나는 북한의 최근 소설이다. 2000년대 이후 발간한 소설을 중심으로 사적 담론의 가능성을 검토할 것이다.

사적 담론의 형성 가능성을 구체적으로 알아보기 위해서는 ① 사적 담론의 조건 — 공간과 네트워크, ② 사적 담론의 내용 — 주제 및 소재, ③ 공적 담론과 사적 담론의 관계, ④ 사적 담론과 사적 영역의 확대라는 네 가지 측면에 비춰서 집중적으로 검토할 것이다.

2. 사적 영역과 사적 담론

공적 영역이 공동체에서의 공개적 영역 혹은 국가와 관련된 영역이라고 한다면 사적 영역은 국가나 국가의 업무 이외의 영역이라고 할 수 있다. 사적 영역 혹은 사생활이라는 것은 사실 어떤 시대 어느 지역에서나 존재하는 것이라고 할 수 있으나, 학문적인 관심의 대상이 된 것은 근대 사회 형성과 맞물려 있다고 할 수 있다.1) 역사적으로 보면 절대국가와 지배층으로부터 소외된 귀족층의 출현, 사상적으로 정치적 억압과 사회적 기대에서 오는 강압으로부터의 자유의 추구, 또한 공과 사를 정치와 사회로 구분해왔던 고대 그리스의 사고에 맞서 후자 즉 가정이나 사회로부터의 은둔(retreatment)과 초탈(detactment)까지를 의미하는 개인적 사적 공간의 강조와 관련되어 있다.2)

중세 사회가 붕괴하면서 지배형태에서 결합되어 있었던 사회적 재생산과 정치권력의 요소들이 분리를 하게 된다. 시장경제적 관계의 확장과 더불어 신분적 지배의 한계를 깨고 관리행정의 형태를 도입할 수밖에 없는 '사회' 영역이 발생하였다. 민족국가와 영토국가에서 중앙집중화된 공권력이 사회 위에 올라서게 되는데, 사회는 비록 그것의 교류관계가 처음에는 관청의 간섭에 의해 지도되었다 하더라도 사적인 것으로 된다. 그리고 이런 사적 영역은 중상주의적 규제로부터 해방됨에 따라 비로소 사적 자율성의 영역으로 발전한다는 것이다.3)

---

1) 아리에스 외 편, 『사생활의 역사 1·2·3』(서울: 새물결, 2002) 참조.
2) 이영림, 「근대 초 프랑스에서의 사적 영역의 창출: 개인, 사회, 국가」, 164쪽; 김득룡, 「공적 삶과 사적 삶: 제3의 사적 영역의 가능성」, ≪범한철학≫, 19집(1997), 42쪽.
3) 위르겐 하버마스(Jugen Haberma), 『공론장의 구조변동』, 한승완 역(서울: 나남, 2001), 245쪽. 하버마스는 주목하는 것은 사적 영역과 공적 영역이 양극화의 길을 걷지만, 복지국가의 출현 등 자본주의 체제에서는 다시 사적 영역이 축소되고 공적 영역과 사적 영역은 상호침투(mutual infiltration)하게 된다. 그리고 자유로운 소통을 바탕으로 하는 새로운 공론의 장이 만

우리들은 통상 사적 영역을 개인적인 영역으로 간주하고 있는데, 사적 영역은 개인적 영역과는 구별된다. 그리고 사적 영역에서 이루어지는 자활활동은 개인들이 협력적인 지식과 기술을 발견·발전시킬 수 있는 권역이라고 볼 수 있다.4) 따라서 사적 영역에 대한 관심은 시민사회의 형성과 민주주의의 구현과 밀접하게 관련된다고 할 수 있다.

사적 영역과 민주주의에 대하여 관심을 갖는 학자 가운데 하나가 하버마스(Jugen Haberma)라고 할 수 있다. 하버마스는 절대 권력이 와해되기 위해서는 민주적인 공론의 장이 필요하다고 이야기한다. 공론의 장은 절대이성이나 수호자에 의해 사전 기획된 결론에 도달해야 할 의무로부터 해방된 영역이다. 이러한 공론의 장은 절대국가의 붕괴와 더불어 사적 영역의 출현에서 시작된다. 공론장은 항상적으로 조직되어 있지 않은 영역이고 자발적 결사는 자율적인 공론장과 결부되어 의사소통의 네트워크를 형성한다. 이와 같은 정치적 공론장은 시민사회

들어져야 한다고 보고 있다. 기본적으로 하버마스는 자본주의 체제에서 민주주의의 실현 가능성에 관심을 기울이고 있다고 할 수 있다. 그는 공론장이 사적 영역을 포괄하는 생활세계에 정박해 있으면서, 시민사회를 중심으로 하는 다양한 행위자들의 갈등을 매개하고, 시민사회와 체계 영역을 매개하는 민주주의의 핵심근거가 된다고 보고 있다.

4) 고르(André Gortz)는 사람들의 활동을 세 차원, 즉 ① 사회적 필요에 의해 명령된 경제적으로 합리적 노동(타율노동), ② 개인욕구와 일치하는 스스로 명령한 활동(자율노동), ③ 필요노동이지만 타율노동이 아닌 자활활동으로 구분하고, 이 가운데 미시사회적인 자활활동은 가족과 시민사회가 얽힌 사회조직망을 구성하고 있으며, 사적 영역에서 행해지는 노동이 미시적 사회관계망을 만들어내는 자활활동이라고 보았다. 문순홍, 「앙드레 고르: 현대 자본주의 비판과 사적 영역의 재탈환 정치」, ≪문화과학≫, 27(2001, 9.), 235쪽.

의 기초를 매개로 생활세계에 뿌리내리고 있는 소통구조를 의미한다. 정치적 공론장은 임의로 만들어질 수 없다고 할 수 있다.5) 한편 공론장에서의 제약 없는 논의(discussion)와 민주적 결사(association)는 시민사회의 조건이 되며 이것이 보장될 때 민주주의는 가능하다는 것이다.6)

한편 코헨(Cohen, J)과 아라토(Arato, A)는 시민사회의 구조적 영역들에 주목하면서 권리의 복합체를 세 가지 차원에서 구분한다. 첫째, 문화적 재생산과 관련된 권리로 사상·언론·표현·소통의 자유가 있고, 둘째, 사회적 통합을 확보할 권리로 집회와 결사의 자유가 있고, 셋째, 사회화를 보장하는 권리로 프라이버시, 친밀성, 개인의 불가침성에 대한 보호가 있다.7)

역사학에서 비롯된 사적 영역에 대한 관심은 시민사회와 민주주의와 관련된 논의로 발전했다고 볼 수 있다. 기존의 연구나 이론들은 근대사회로의 전환이나 자본주의 내에서 민주주의의 구현이라는 차원에서 이루어졌지만, 사회주의 국가의 체제전환의 핵심 가운데 하나가 당·국가체제의 붕괴와 민주적 질서의 확립이라고 본다면 사회주의체제에 대해서도 적용이 가능하다고 할 수 있다. 특히 하버마스가 이야기하는 생활세계에 바탕을 둔 소통구조와 제약 없는 논의 환경, 코헨과 아라토가 주목하는 소통의 자유과 프라이버시, 친밀성의 보호는 사적 영역의 형성에서 사적 담론이 중요한 단계임을 이야기한다고 볼 수 있다.8)

---

5) 이영재, 「하버마스의 소통적 권력과 민주주의 상관성에 관한 연구」(동국대학교 박사학위 논문, 2003), 155~160쪽.
6) 같은 글, 167쪽.
7) Cohen, J. & Arato, A., *Civil Soceity and Political Theory*(Boston: MIT Press, 1992), p. 441.

사적 영역에서 사적 담론이 중요한 것은 사적 영역이 밀폐된 개인적 영역이 아니기 때문이다. 공적 영역에서 분리된 사적 영역이 새로운 체제변화의 단서가 되기 위해서는 사적 영역이 단순히 개인적 차원에 머물러서는 곤란하다.[9] 국가나 체제의 간섭에서 벗어나 사적인 영역화가 생겨나는 것이 필요하지만, 새로운 영역들이 연결되어야 체제의 변화와 관계되는 유의미한 사적 영역이 된다는 것이고, 이를 담당하는 것이 사적 소통 혹은 사적 담론이라고 할 수 있다는 것이다. 지금까지의 논의를 정리한 것이 다음 그림이다.

사적 영역이나 사적 담론에 관련된 논의들은 기본적으로 자본주의의 성립과 변화과정과 연관되어 있다고 볼 수 있다. 그러나 사회주의체제 특히 사회통제체제가 완벽에 가깝게 구축되어 강력한 사회정치적 통합 수준을 유지하고 있는 북한 체제의 변화를 살펴보는 데에도 일정한 의미가 있다고 할 수 있다. 공동체를 강조하는 사회주의 특성상 개인의 영역은 제한되어지기 마련이다. 또한 공식적 통제 체제[10]와 더불

---

[8] 사적 영역의 성립과정에는 사적 소통의 문제가 중요해진다. 예를 들어 사적 영역이 확장되는 가운데 예술장르에서도 새로운 장르 혹은 새로운 형식이 대두된다. 노지승, 「1920년대 초반 소설: 1920년대 초반, 편지 형식 소설의 의미 — 사적 영역의 성립 및 근대적 개인의 탄생 그리고 편지 형식 소설과의 관련에 대하여」, ≪민족문학사연구≫, 20(2002) 참조.

[9] 자본주의 성립과 핵가족화 이후 여성이 가족이라는 사적 영역에 유폐되는 경향이 있다고 비판하는 입장에서 말하는 사적 영역이 이러한 경우이다. 한편 사적 영역의 확대는 공적 영역의 축소로 이어지기 때문에 환경문제와 같은 부정적인 문제가 야기된다는 주장도 있다. 이홍균, 「사적 영역의 팽창에 의한 공적 영역의 파괴」, ≪현상과인식≫ 30권 3호(2006. 9.) 참조. 그러나 이러한 논의는 개인 영역과 사적 영역의 개념을 불분명한 데서 비롯되었다고 볼 수 있다.

제4장 북한 체제 내 사적 담론 형성의 가능성 151

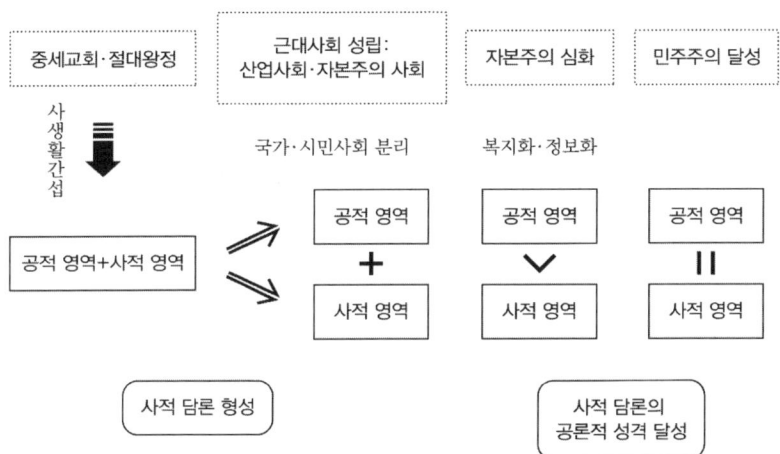

<그림 4-1> 근대 이후 사회변화와 사적 영역 및 사적 담론

어 당적 지배뿐만 아니라 작업장에서 인민반에 이르기까지 중층적 차원에서 이루어지는 생활총화는 개인의 영역을 축소시켰다고 볼 수 있다. 이와 같은 상황은 중세의 교회나 절대왕정 시대의 국가가 일상의 생활까지 간섭했던 것과 유사하다고 할 수 있다. 따라서 북한의 일상 영역에서 사적 영역이 형성되고 있다면 북한 체제의 변화를 의미한다고 할 수 있다. 같은 맥락에서 사적 담론의 형성은 북한 체제 유지의 중요한 기능을 수행하는 지배담론의 약화를 보여준다고 하겠다.

---

10) 물리적 통제와 더불어 배급체제로 상징되는 다양한 사회통제체제가 작동하고 있다. 이우영, 『전환기의 북한 사회통제체제』(서울: 통일연구원, 1999) 참조.

3. 지배담론과 대항담론

　담론 혹은 '언설'은 주류 언어학에서는 일반적으로 문장보다 긴 의미의 집합체(textual unit)를 의미하며, 발화되거나 문자화된 텍스트가 담고 있는 의미론적 요소들이 언어학의 영역에서 담론을 다룰 때 초점이 된다. 그러나 최근 문화연구에 관심이 있는 인문과학이나 사회과학에서는 담론은 발화되거나 문자로 쓰인 서류나 진술문(statement)에서 주요한 사회적 이슈에 대한 특정한 시각이나 입장을 담고 있으면서, 사회 내에서 형성되고 유통되는 크고 작은 종류의 이야기나 텍스트 혹은 발화의 집합을 지칭하기도 한다. 이러한 차원에서 담론 이론과 담론 분석을 정의하는 담론은 언어적이고 이야기적이고, 문화적 요소로 구성되며, 사물이나 현실에 대한 일정한 인식이나 재현, 주장을 담고 있다.[11]

　그러나 담론을 분석 대상으로 삼는 경우는 비판적인 입장에서 접근하는 경우가 많다. 이 경우 담론분석이 주목할 점은 담론이 행사하는 의미구성의 작용이며, 나아가서는 의미나 이데올로기의 차원을 넘어서 행사하는 권력 작용이다. 먼저 공적으로 형성되고 유통, 순환되는 담론들은 이들 담론을 지지하거나 채택하는 이에게 특정 주제나 현상을 바라보고 해석하는 틀이나 필터를 제공하며, 일종의 진실효과(truth effects)를 동반하기도 한다. 즉, 특정 정치주체나 제도로 생성되는 담론을 통해서 사물이나 사건 혹은 사안을 보는 입장과 시각이 만들어지며 특정

---

11) 이기형, 「담론분석과 담론의 정치학: 푸코의 작업과 비판적 담론분석을 중심으로」, ≪언론과사회≫, 14권 3호(2006, 가을), 109~110쪽.

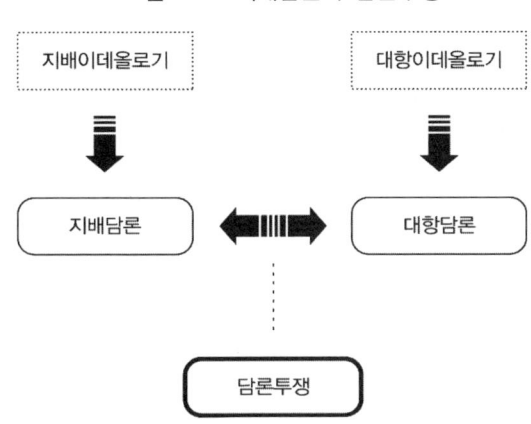

<그림 4-2> 지배담론과 담론투쟁

한 담론의 영향으로 그러한 사안에 대한 '담론화된 진실'과 현실이 형성된다는 것이다. 이러한 차원에서 담론은 사회 내의 불평등하고 불균등한 권력관계를 반영하며, 언어와 상징, 기호, 그리고 이데올로기의 영역을 통해서 지배적인 권력관계의 유지나 피지배자들의 동의를 구하는 데 필수불가결하게 사용되는 요소라고 하고 있다.12)

따라서 담론 분석은 지배담론과 연결되는데, 지배담론은 지배이데올로기를 구현하면서 지배구조를 유지하는 기제로서의 역할을 수행한다고 볼 수 있다. 지배적 담론하에서 언제나 지배적 이데올로기 안에서

---

12) 위의 글, 119쪽. 담론에 대한 관심이 높아진 1960년대 이후부터 담론 연구는 주로 지배담론의 문제 사회적 불평등의 문제와 관련되어 있다. Diane Macdonell, Theories of Discourse, 임상훈 옮김(서울: 한울, 2002), 제1장 참조. 부르디외가 주목하는 상징권력도 비슷한 맥락이라고 할 수 있다. 이상호, 「사회질서의 재생산과 상징권력 부르디외의 계급이론」, 현택수 외, 『문화와 권력: 부르디외 사회학의 이해』(서울: 나남, 1998) 참조.

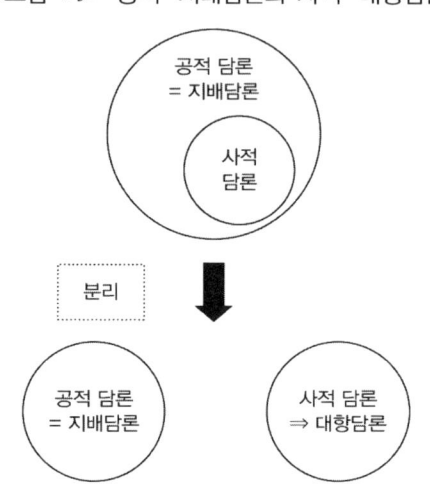

<그림 4-3> 공적 - 지배담론과 사적 - 대항담론

만들어지는 정체성과 동일화에서 이탈하는 것은 쉽지 않지만 여기에서 변형되고 치환된 결과에서 생산될 수 있는 것이 대항담론이다.[13] 사회 변혁과정에서는 지배담론을 대체하는 대항담론의 형성이 필요한 바, 이 과정에서 담론투쟁이 전개된다고 볼 수 있다.[14]

담론투쟁이 이루어지는 과정에서 지배담론의 해체가 동반되는데, 지배담론의 중심인 공적 담론과 다른 사적 담론의 형성이 필요하다고 할 수 있다. 물론 지배담론이 사적 담론에도 관철될 수 있으나, 기본은

---

[13] 백선기·김소라, 「지배담론과 대항담론: 동성애에 대한 '매스미디어'와 '게이 커뮤니티'의 담론관계를 중심으로」, ≪한국커뮤니케이션학≫, 6권 (1998), 83쪽.

[14] 이종영, 「정치적 프락시스로서의 담론투쟁: 자본주의 국가의 정책을 둘러싼 담론투쟁에 대하여」, 이영환 편, 『통합과 배제의 사회정책과 담론』(서울: 함께읽는책, 2003) 참조.

공적 담론 영역이라고 할 수 있다. 반면 대항담론은 그 출발이 사적 담론에 있다고 할 수 있다. 왜냐하면 대항담론은 지배담론으로부터 분리된 새로운 담론구조라고 할 수 있는데, 지배담론의 분리가 처음으로 일어나는 곳이 사적 영역이고 이곳의 담론이 사적 담론이기 때문이다. 이러한 맥락에서 사적 담론이 정치적 차원으로 확장되고 공적 담론과 배치되면서 대항담론의 토대로 작용한다고 볼 수 있다.

4. 북한 공적 담론의 형성과 위기 상황

1) 공적 담론의 형성과정: 혁명구호의 경우

북한의 공적 담론은 당의 선전선동부가 생산하고 교육제도, 언론, 조직활동을 통하여 사회적으로 확산된다. 공적 담론의 핵심 담지 집단(carrier group)은 핵심 군중이라고 할 수 있으며, 이를 수용하는 2차 담지 집단은 일반 인민이라고 할 수 있다.

공적 담론을 형성하는 다양한 요소 가운데 대표적인 것이 혁명구호(강령적 구호)라고 할 수 있다. 따라서 혁명구호의 작성과 제시과정을 보면 지배담론이 만들어지고 수용되는 과정을 알 수 있다고 볼 수 있다.

당 창건기념일, 정권창립기념일 등을 맞아 각 분야의 과제를 종합적으로 제시하는 혁명 구호는 당중앙 비서국 선전선동부 선전과에서 작성한다. 당중앙 비서국 선전선동부에서는 당 및 정부 각 부서들에 해당 부서에서 관장하고 있는 분야에 대한 구호를 작성하고 제출할 것을 지시한다. 해당부서에서는 당이 제시한 노선과 정책, 분야별 당면과제,

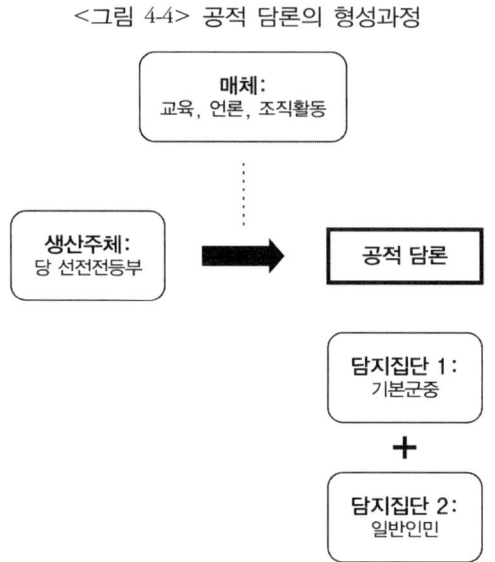

<그림 4-4> 공적 담론의 형성과정

달성해야할 계획 목표, 해당분야의 중심고리15) 등을 고려하여 구호를 작성하여 선전선동부에 제출한다. 선전선동부에서는 이를 종합하여 초안을 작성하고, 선전담당비서를 경유 총비서의 비준(결재)을 받아 확정한다. 이 과정에 당중앙 조직지도부와 긴밀하게 협조(당 창건일 행사는 조직지도부가 총괄하므로 그 일환인 구호의 작성 제시도 조직지도부와 교감 유지)해야 한다.

군사분야 구호는 선전선동부에서 총괄하는 강령적 구호를 주로 이용하나, 시사적인 구호는 인민군 총정치국에서 수시로 작성하도록 지시한다. 이에 따라 총정치국 선전교육부에서 당면과제 가운데 중요한 사항들을 종합하여 작성하고, 선전담당 부총국장을 경유 총정치국장의

---

15) 사물현상의 연쇄 가운데서 다른 고리들을 규제하는 고리를 말한다.

비준을 받아 확정한다. 전투 및 훈련 시에 수시로 제시해야 할 구호는 중대와 대대 정치지도원 또는 연대 정치부에서 작성하여 연대 정치위원의 비준을 받아 활용한다. 다음은 군의 혁명구호의 예다.

중대를 일당백의 전투대오로 더욱 강화하자!
중대원들은 김정일의 제1결사대, 제1호방위병으로 준비하자!

중앙당뿐만 아니라 산하 각 조직은 산별 구호나 돌격노동 시 구호를 자체로 작성하는데 이러한 구호는 해당 전개된 상황에 따라 각급 당 정치위원들의 비준하에 작성한다.

"비료는 쌀이다" "옥수수는 밭곡식이 왕이다" 등

작성된 혁명구호는 다양한 차원의 검열을 받는다. 검열은 당에서 작성한 구호이지만 그것을 플래카드나 표어판 등에 제시할 때에는 내각 출판총국 검열부 또는 현지 파견된 검열원들에게 검열을 받고 통과되어야 게재된다. 수시로 변화하는 속보판 등은 검열에서 제외된다. 검열원은 당이 제시한 내용이 그대로 게재되었는가, 플래카드나 표어판에 손상된 곳은 없는가, 규격이 적당한가 등을 검열한다. 수열은 해당 구호를 본 대중의 반응을 측정하여 장단점을 보완하는 형식으로 진행한다. 당 창건기념일 등에 제시되는 각 분야의 종합적인 구호는 당 중앙선전선동부에서 ≪로동신문≫을 비롯한 신문 등과 조선중앙통신사 및 조선중앙방송위원회 등에 배포하여 공개 제시한다. ≪로동신문≫ 등의 사설과 논설, 방송 해설 등 내용의 중요 구호들을 포함시키거나 그

구호들을 제목으로 설정, 해설하는 형식으로 제시한다. 인민군 총정치국과 각 산업별 당기구들에서 자체로 작성하는 구호들은 해당급 정치부들에서 임의로 제시가 가능하다.

검열까지 마치게 된 혁명 구호는 각종 공공건물의 외벽을 장식하거나, 건물 내부의 게시판 등에 걸어놓는다.16) 중요한 구호의 경우 신문이나 방송 매체에서 제시되고, 경우에 따라 구호를 활용한 소설이나 영화화도 이루어진다. 또한 학교의 수업이나, 다양한 수준의 총화에서 학습의 대상이 된다. 이 과정에서 구호가 갖고 있는 담론적 성격이 해설을 통하여 동반된다. 반복적인 학습과 토론, 미디어를 통한 반복적 제시, 건물 내외의 장식을 통하여 일반 북한 인민들을 혁명구호를 내면화하게 된다고 볼 수 있다.

2) 공적 담론의 위기 배경

북한의 공적 담론이 위기를 맞게 된 것은 여러 가지 차원에서 설명할 수 있다.

첫 번째는 당적 차원의 문제이다. 당의 조직 축소 및 당 역할 축소와 같은 변화는 공적 담론의 일차적 담지 집단을 축소시켰다고 볼 수 있다.17) 더욱이 담론 형성과 유지에 중요한 역할을 수행하는 일선 조직

---

16) 구호의 비중에 따라 장식되는 방식이 다르게 된다. 중요한 구호는 석재로 장식되어 장기간 게시되며, 일반적 구호는 도색을 통하여 게시된다. 실내 게시판의 경우 상대적으로 게시되는 기간이 짧다고 할 수 있다.
17) 2000년부터 실리주의가 강조되면서, 일선 조직에 대한 축소가 진행되었고, 7·1 조치 이후 축소가 본격화되었다고 한다. 특히 직맹, 사로청, 여맹 이런

중 선전부의 위상이 하락한 것은 중요한 문제가 되고 있다.18) 또한 과거와 달리 당원이 누리는 혜택이 축소되면서 당원의 인기가 하락되고,19) 경제난으로 2003년부터 진행된 직업장을 중심으로 한 근로조직을 포함한 공조직의 축소도 공적 담론을 떠받치는 담지 집단의 양적 축소를 가져왔다고 볼 수 있다. 이와 더불어 당조직과 행정조직의 불균형 확대, 부서 간 영향력의 불균형 노정도 공식담론의 약화와 관계가 있다고 볼 수 있다.20) 그리고 통제체제 자체도 점차 이완되면서 말의 자유가 제한적으로 확대되었고,21) 이 역시 공식담론의 약화로 이어졌다고 볼 수 있다.22)

조직들은 30% 정도의 인원 감축이 있었다고 하는데, 이들은 기존 공식적 지배담론의 중요한 담지집단이었다고 볼 수 있다(PS-2).
18) 선전부가 인기가 없는 것은 뇌물이 없기 때문이라고 한다. 강화된 것은 조직부, 간부부 그리고 당원 등록과라고 한다. 그래서 선전부 일꾼들을 "손가락을 빨고 있다"고 한다(PS-21). 조직 축소에서도 선전부 쪽이 가장 타격이 컸다고 한다.
19) "2000년 이후 고난의 행군을 하고 나서부터 사람들 인식은 정치에 이제는 크게 신경을 안 쓰고, 또 돈만 있으면 현재 만 원 정도 찔러주고, 나이가 한 27살 이상 되고 이 정도면 당원 등록 과정을 통해서 입당을 하기 때문에 크게 걱정을 안 한다. 그렇지만 이제 당원이라고 해서 생활에 크게 도움이 되는 것도 아니고, 간부사업이 크게 도움이 되는 것도 아니고 그렇기 때문에 크게 관심을 갖지 않는다"(PS-21).
20) 경제적 실리를 얻을 수 있는 부서나 장사를 하는 사람들로부터 금품을 얻을 수 있는 사회안전원, 보위성원, 군인들과 반대 급부를 얻기 어려운 교사 등의 직업을 가진 사람들 간의 격차가 확대된다는 것이다.
21) 심지어 학교를 졸업한 이후 직장에 배치받고도 마음에 들지 않는다고 2년 동안 버티어도 문제가 없었다고 한다(PS-11).
22) 정치교육에 대한 주민의 참여도 떨어지고 있으며, 심지어 북한 체제 통합

다음은 경제적 차원의 문제다. 근본적으로는 식량난 이후 배급체제가 붕괴된 현실이 가장 중요한 환경이 된다. 배급제는 식량의 수급뿐만 아니라 사회구성원들을 공식 조직에 묶어두는 역할을 한다는 점에서 사회통합의 핵심적 기제라고 할 수 있다. 그러나 배급제가 와해되면서 공식 사회조직인 일터가 붕괴하고, 사람들은 식량을 구하기 위해서 자유부동하기 시작하였다. 더욱이 7·1 조치로 시장이 활성화되면서 공적인 통제에서 벗어난 사적 영역이 활성되고 공적 담론의 장 자체가 축소하게 되었다는 것이다.

텃밭의 소유와 개인경작의 확대, 상업의 활성화는 사적 경제가 활성화되는 계기가 되었다. 또한 이러한 과정에서 친인척이라고 하는 전통적인 가족관계가 생계유지의 연결망으로 작용하면서 사적 소통의 장이 열렸다고 볼 수 있다.23) 이와 더불어 권력기관의 부패로 부를 축적한 개인과 당료·관료의 결탁과 같은 새로운 관계가 형성되는 것도 공적 담론의 약화를 초래하고 있다고 할 수 있다. 상업활동의 증가와 더불어 새롭게 생겨나는 당구장과 같은 유흥공간도 주목할 필요가 있다. 당구장이나 오락실의 확대는 단순히 새로운 여가 공간이 확대되는 것만이 아니다. 새로운 공간에서 새로운 여가활동과 더불어 새로운 담론의 장

의 핵심 가운데 하나인 생활총화에도 빠지는 주민들이 늘어나고 이에 대한 비판은 약화되고 있다고 한다. 조정아, 『경제난 이후 북한 문학에 나타난 주민생활 변화』(서울: 통일연구원, 2006), 98~99쪽.

23) 일부 지역에서는 직장에서 땅을 나누어주어 개별 혹은 소집단별로 경작하여 식량을 해결하도록 했다고 한다(PS-17). 공식 영역이 와해되면서 친족 등의 비공식·사적 관계가 경제의 핵심이 되는 것은 중국에서도 나타나는 현상 가운데 하나이다. 김광억, 「중국연구를 위한 방법론: 공식영역과 비공식영역의 관계」, ≪아시아태평양지역연구≫, 2권 2호(2002) 참조.

이 마련된다는 것이며, 이런 차원에서 공적 담론에 대항하는 사적 담론의 형성에 중요한 조건이 된다.

사회적 차원에서는 새로운 세대의 등장이 중요한 요소가 된다. 새로운 세대들은 식량난을 경험하면서, 당의 공식적인 교양내용과는 다른 의식구조를 갖게 된다. 실리를 중요시하는 것이 대표적인 경향이며, 개인부업을 중시하고 수입이 좋은 직장을 선호하는 것이 이러한 변화를 잘 드러내 준다.[24] 새세대는 기존 세대와 의식차이는 보이면서 공식적인 담론구조와도 유리되는 경향을 보이고 있다고 할 수 있다. 식량난이 심화되면서 미신을 포함한 무속이 활성화되는 것도 공적 담론 약화의 중요한 역할을 하고 있다고 할 수 있다.

북한에서 무속은 공식적으로 비판받은 행위이지만 고달픈 북한 인민들에게 심리적 위안을 제공하면서 식량난 이후 급속히 증가하고 있다고 볼 수 있다. 결혼부터 신수 그리고 액막음에 이르기까지 광범위한 범위에서 무속신앙이 활성화되는 것은 공적 담론과 다른 담론이 형성되는 조건이 된다.[25]

비디오와 같은 새로운 매체의 보급 확대도 공적 담론의 약화와 밀접하게 연결되어 있다. 탈북자들의 증언에 따르면 일정한 부를 축적하면서 구입하는 가전제품에서 TV와 비디오는 우선 순위를 점한다. 특히 비디오는 중국의 문화뿐만 아니라 남한의 문화까지 전달하는 매개체로서 기존 담론과는 완전히 다른 담론 형성을 촉발할 수 있다.[26] 시장과

---

24) 임순희, 『북한 새세대의 가치관 변화와 전망』(서울: 통일연구원, 2006) 참조
25) 심지어 잘 맞춘다는 점쟁이를 찾아서 타 지역에서 오는 경우도 있다고 한다(PS-11).
26) 탈북자들은 북한 문화 콘텐츠보다 중국이나 한국의 콘텐츠가 더욱 인기가

더불어 상업이 활성화되면서 전화가 증설되는 것도 사적 담론 형성의 토대가 된다. 일부 접경지역에서는 중국의 핸드폰을 사용하는 사람도 생겨날 정도라고 하고,27) 내륙에서도 장사를 하는 사람들은 전화를 증설한다고 한다.28)

식량난 이후 심화된 공교육체제의 붕괴도 공적 담론 약화의 중요한 배경이 된다고 볼 수 있다. 식량을 구하기 위해서 학교를 떠나는 학생과 교사도 늘고, 경제난으로 책과 공책을 포함한 기초 학용품마저 부족한 현실에서 공교육은 붕괴가 가속화되는 경향이 있다.29) 반면 부를 축적한 사람들은 교과목뿐만 아니라 아코디언, 피아노 등 예능 분야까지 사교육을 시행함으로써 공적 담론과 다른 내용의 교육이 가능해지고 있다는 것이다.30)

있다고 말하고 있다. 최근에는 비디오와 더불어 CD를 볼 수 있는 기기의 인기가 높으며, 새로운 문화와 정보를 접하고 있다고 한다. 당연히 북한의 공식 방송에 대해서는 주민들의 관심이 줄어들고 있다(PS-18).
27) 탈북자들은 2000년경부터 중국에 친인척이 있는 사람들이 중국 핸드폰을 사용하기 시작했다고 한다(PS-1).
28) 장사꾼들은 대부분 전화를 설치하여 영업을 하고 있으며, 도매 단위의 장사꾼은 전화로만 영업하는 경우도 있다고 한다(PS-11)
29) 1990년대 후반 고난의 행군 시기에는 중학교에서 40명 정도가 정원인 한 반에 학교에 나오는 학생이 4~5명 정도인 경우까지 있었다고 한다(PS-1). 교원을 지냈던 탈북자의 증언에 따르면, 학생뿐만 아니라 교사들도 생계를 위해서 시장에서 장사를 나간다고 한다. 또한 고난의 행군 시기에 나이 든 교원들이 죽는 등 교원 자체도 부족하다고 한다. 그리고 최근에는 북한 내에서도 촌지가 활성화되면서 학교 내 신뢰 분위기도 저하되고 있다고 한다(PS-22).
30) 교사의 경우 봉급이 3일치 정도밖에 안 나오는 시기가 있어 장마당에 가서 장사를 했으나, 장사 등으로 자본을 축적한 사람들이 나오면서 이들 집안

사회적 차원에서 본다면 식량난 이후 시장의 활성화 7·1 조치의 시행 등은 북한의 기존 계층구조를 흔들고 있다고 하겠다.31) 계층 구조의 변화는 사회적 관계의 변화를 의미하지만, 북한의 전통적인 담론의 생산과 분배 그리고 담론 전파의 구조에도 영향을 미칠 수밖에 없다. 경제적 어려움이 지속되면서 부를 축적한 사람의 위상이 상승하고, 심지어 이산가족 상봉으로 경제적 혜택을 입은 월남자 가족마저 부러움의 대상이 되면서 새로운 담론이 형성될 여지가 많아지고 있다는 것이다.32)

새로운 정보의 유입이 확대되는 것도 공적 담론의 약화를 초래하는 중요한 조건이라고 할 수 있다. 북한은 식량난으로 대변되는 농업 부분의 몰락뿐만 아니라 공업부분의 붕괴도 동시에 경험하고 있다. 따라서 기초생필품을 포함한 대부분의 공산품의 첫 번째 출처는 중국이다. 공식·비공식 교육을 통한 중국 문물의 유입은 당연히 새로운 정보의 유입을 초래한다. 이와 더불어 2000년 이후 확산되는 남북 간 교류도 새로운 정보 유입의 통로라고 볼 수 있다. 비록 제한된 지역과 제한된 인원들만이 남한 사람들과 접촉한다고 하지만, 개성과 금강산을 제외하고라도 연간 1만 명 가까운 사람들의 북한을 방문하면서 북한에 전

　　아이들에게 개인적 교습을 통하여 수입을 얻는다고 한다(PS-22). 또 지역에 따라서는 교사가 20명 정도의 아이들을 피아노를 가르치는 '학원'급의 개인교습도 있다고 한다(PS-11).

31) 최봉대, 「계층구조와 주민의 의식 변화」, 정영철·고성호·최봉대, 『1990년대 이후 북한 사회 변화』(서울: 한국방송, 2005) 참조.

32) 월남자 가족은 한국전쟁 시기 남한 군대의 북한 점령 시 도움을 주었던 '치안대' 출신들과 더불어 북한에서 실질적으로 최하위 계층이었다. 그러나 상봉을 이후 남한의 가족으로부터 경제적 지원을 받은 월남자 가족들이 이를 밑천으로 부를 축적함에 따라 이제는 선망이 대상이 되고 있다.

<표 4-1> 공적 담론 위기의 환경

	내용	관련사항
당적 차원	조직 축소 및 변화	담론매체의 약화
	선전부의 위상 하락	담론생산주체 약화
	당원의 인기하락	담지 집단의 축소
	근로조직의 약화	담지 집단의 축소
	당조직과 행정조직의 불균형 확대	담지 집단의 축소
	이완된 통치체제	담론 매체의 약화
경제적 차원	배급제 추락과 7·1 조치로 시장 등 사적 경제 활성화	담론 전달 과정 약화
	친인척 중심의 새로운 경제단위 부상	대안적 담론 환경조성
	권력기관이 포함된 새로운 경제네트워크 형성	담론 전달 과정 약화·새로운 소통구조 형성
사회적 차원	새세대의 약진	새로운 담지 집단 형성
	미신 등 종교 활동 활성화	대안적 담론 형성
	비디오 등 대안적 매체의 보급	대안적 담론 형성 환경
	전화 증설로 사적 소통구조 확대	사적 소통구조 활성화
	공교육의 부실화와 사교육 활성화	담론 전달력 약화·사적 담론 형성 가능성
외부 차원	접경지역을 통한 중국 정보	새로운 담론 형성 환경
	남북교류를 통한 남한 정보	새로운 담론 형성 환경

달되는 남한 문화는 무시할 정도가 아니다.[33]

북한은 모기장론을 주장하면서 자본주의 황색문화의 유입을 경계하

---

[33] 남한의 방북자들의 주로 숙박하는 고려호텔이나 양각도호텔의 음식도 조미료를 많이 쓰는 등 남한화(?)되는 경향이 있으며, 남한 사람들의 접촉이 많은 평양의 젊은 여성들이나 개성공단의 여성 노동자들의 화장도 남한 여성들을 쫓아가는 경향이 있다.

고 있지만, 접촉의 증대와 동반하는 새로운 문화 유입의 봉쇄는 원천적으로 불가능하다. 또한 북한 주민들의 영화나 드라마 등 남한 문화를 접하는 것 자체가 불법적인 행위인데, 친한 지인들과 돌려 보는 등의 과정을 통하게 된다. 이러한 행위 자체가 비공식적인 소통구조의 형성을 동반한다는 점이다.[34] 더욱이 문화에는 새로운 가치와 규범이 포함되어 있다는 점에서 기존의 공적 담론을 흔드는 중요한 요인이 되고 있다.

지금까지의 논의를 바탕으로 북한의 공적 담론의 위기 상황을 정리한 것이 <표 4-1>이다.

5. 사적 담론 형성의 가능성

1) 사적 담론을 위한 공간

사적 담론이 가능하게 위해서는 일정한 공간이 필요하다. 사적 영역이 개인적 영역과 차이가 있는 것과 마찬가지로 사적 담론의 공간은 개인 혹은 가족의 공간과 다르다고 할 수 있다. 이러한 차원에서 볼 때 북한에서 시장의 활성화와 개인 단위 사업의 확대는 사적 담론을 위한 중요한 공간이 될 수 있다. 시장이 비록 합법화되었다고 하지만 사회주의 원칙이 구현되는 곳은 아니다. 시장은 다양한 거래가 진행되

---

34) 남한 영상물 등은 거래되기보다는 친구들끼리 복사하고 돌려본다고 한다. (PS-1). 함경도 일부 지역에서는 남한 방송이 잡히는 경우도 있다고 하며 주로 '록화물'로 남한의 영화나 드라마를 접했다고 한다(PS-11).

는 가운데 기존 담론과는 다른 담론이 형성될 토대를 마련해주었다고 볼 수 있다.

특히 식량난으로 비롯된 음식업종은 사적 담론 형성을 위한 공간이 되고 있다. 한 탈북자의 증언에 따르면 음식에 소질이 있는 어머니가 집에서 식당을 차리고 손님을 받았다고 하는데, 간판도 달지 않은 비공식적인 사업이었다고 한다. 그런데도 음식 솜씨 덕택에 손님이 몰려왔다고 한다(PS-3). 단순한 상품거래의 경우와 달리 개인이 영업하는 음식점은 일정 시간을 체류하고 다양한 대화가 가능하다고 볼 수 있다. 그리고 그 자체가 법적 테두리 밖에 있기 때문에, 판매자나 구매자나 일종의 동지의식을 갖고, 기존 체제에 대한 비판이나 불만을 공유할 가능성이 크다.

사적 담론을 위한 공간으로 중요한 것은 개인 경작지의 증대라고 할 수 있다. 2000년대 이후 일정한 토지를 식량자급을 위하여 개인이 경작할 수 있도록 함에 따라 개인 혹은 가족 단위의 영농이 이루어지고 있다. 이를 위하여 반(半)합법적으로 직장도 쉬는데, 농업의 특성상 개인단위보다는 집단으로 이루어지며, 그 기간도 상대적으로 길다는 점에서 이는 사적 담론 형성의 중요한 공간적 환경이 된다고 할 수 있다.

평양 등 주요 도시에서 볼 수 있는 매대(일종의 간이 판매점)도 유사한 역할을 할 수 있다. 외견적으로는 조직이나 상점에 소속되어 있으나, 실제로는 개인이 일정한 금액을 제공하고 수행하는 사적 영업이라고 할 수 있다. 음식점에 비해서는 상대적으로 짧은 시간 동안 머무르지만 매대에서도 주인과 손님 그리고 손님 간에 사적 담론이 가능하다고 보아야 할 것이다. 공공기관이 매대를 개인에게 임대하는 것에 더 나아가능력이 있는 개인은 공간을 확보하고 매점 건축까지 시행하는 경향도 확대되고 있다. 공공에 소속된 매대와 달리 개인적인 매점은 가격 흥정도 가능하다는 점에서 더욱 심도 있는 사적 담론의 공간이 될 수 있다.35)

새로 생겨나는 여가시설도 사적 담론의 공간 역할을 수행할 수 있다. 당구장이나 게임장이 예가 된다. 전통적인 놀이나 여가는 지역단위 공동체를 기반으로 하는데, 새로운 여가시설은 동일한 취향이나 소득 등을 바탕으로 하고 있다고 할 수 있다. 당구장 등을 운영하는 사람들도 생겨나고 있다는 것은 일단 사회적 수요가 있다는 것을 의미하며 그만큼 새로운 의사소통의 장이 늘고 있다는 의미로 보아야 할 것이다.

2) 사적 담론을 위한 네트워크

사적 담론이 형성되기 위해서는 비공식적인 사회적 연결망이 필요하다. 이러한 맥락에서 1990년대 중반 고난의 행군 이래 북한의 공식적인 경제 조직이 와해되면서 비공식부분이 활성화되면서 생겨난 시장 등 자생적 경제영역을 주목할 필요가 있다.

시장의 활성화는 자연스럽게 거래망을 중심으로 새로운 네트워크가 생겨나고 있다고 할 수 있다. 중국 등을 통하여 물건을 반입하는 사람과 시장에서 장사하는 사람 그리고 도매와 소매상 등 상품을 매개로 하는 네트워크가 형성되고 있다는 것이다(PS-11). 그런데 7·1 조치 이후 합법화되었지만 여전히 이러한 상품 유통망은 비합법적인 부분이

---

35) 매대나 매점은 공식적으로 사업관리소에서 관리한다. 그러나 운용은 개인적 차원에서 이루어진다고 보아야 할 것이다(PS-2).

많이 있다. 이러한 경우 네트워크는 비공식적이지만 은밀성을 띠면서도 강한 연대감을 동반할 가능성이 크다. 또한 여전히 가내판매가 적지 않다는 점에서 개인적이고 사적인 연고가 거래 네트워크의 특성을 갖는다고 볼 수 있다.[36]

제도적인 차원의 보장이 되지 않는 경제활동이 활성화되면, 이를 보상하기 위해서 상대적으로 신뢰할 수 있는 사람들과 공존하는 경향, 예를 들어 친한 친구나 가족 등이 사업의 동반자가 되기가 쉽다고 할 수 있다. 이러한 차원에서 본다면 산업화의 진행과 더불어 진행된 핵가족화와는 반대로 광범위한 친족관계가 중시될 수 있다. 특히 중국에 있는 친인척과의 유대가 복원되고, 식량 획득, 상품 거래 등의 이유로 지역 간 이동이 활발해지면서 타 지역의 친인척도 다시 중시될 수 있다는 것이다(PS-11). 혈연을 중심으로 한 연고적 관계는 전통적인 사회적 관계이기는 하지만 역시 사적인 영역이라고 할 수 있다. 이러한 사회관계는 전통에 기반을 두고 있지만, 경제적 이득이라는 근대적 관계를 위해서 작동하고 있다는 점에서 이중적인 성격을 갖게 된다.

시장의 활성화로 자연스럽게 형성되는 시장 내 분업구조, 이를테면 물건을 파는 사람과 이들에게 음식을 제공하는 사람, 물건을 배달하는 사람과 파는 사람, 도소매관계 등도 새롭게 생겨나는 사회적 관계라고 할 수 있다. 또한 시장을 중심으로 일정한 정도의 부를 축적한 '돈주'의 출현은 자본주의와 유사한 사회적 관계를 구조화하기도 한다.[37] 그런

---

36) 옷가지 특히 상대적으로 북한에서 고급으로 평가받는 남한산 옷가지 등은 집에서 파는 경우가 많다고 한다(PS-11).
37) 돈주는 다시 큰 돈주와 새끼 돈주로 나누어지는데, 북한 인민들은 이들을 '사회주의자본가'라고 부른다. 함흥이나 단천 등지에는 10만 달러 정도의

데 주목할 것은 돈주들이 시장 내에서, 즉 비공식영역에서만 새로운 네트워크를 구축하는 것은 아니라는 것이다. 일부 지역이기는 하지만 시설 개선이 힘들고 비료나 종자 구입의 여력이 없는 공장이나 농장 등 공식영역에도 진출하여 투자 이익을 추구한다고 하는데, 이는 공식영역을 아우르는 경제 네트워크가 형성되고 있음을 보여주는 것이다.

흥남비료의 제일 불리한 조건이 일제시기에 건설한 설비의 철관들이 산화되어 구멍이 있다…… 그것의 보수를 오랜 주기로 하고 있다. 그런데 이 철한은 35년이 되기 전에 계속 구멍이 나고 하니까 불소강으로 이제는 교체를 많이 하고 그런데 …… 결국은 돈주들을 끼고 불소강을 들여온다(PS-21).

비공식 영역의 경제 활동에서 중요한 것이 뇌물과 같은 불법적 행위라고 할 수 있다. 통제 시스템이 강하게 존재하는 상황에서 상업활동을 하는 사람들과 권력기관에 있는 사람들 간에 일종의 고리관계가 형성될 수 있다. 특히 국가가 당료나 관료 등 공적 부분의 사람들에게 생활을 감당할 만큼의 지원을 하지 못할 경우 이러한 공생관계는 자연스럽게 형성되고, 구조화될 가능성이 크다. 최근 북한의 경우도 보안성이나 국경수비대, 세관원 등 통제권력을 갖고 있는 집단과 상인들 간의 공생관계가 구축되고 있다고 볼 수 있다.[38] 이러한 관계는 명백하게 불법

투자여력을 갖고 있는 사회주의 자본가들이 몇 명씩 있다고 한다(PS-21).
38) 국경지역에서 물건의 반입을 보장하는 대가로 일정한 수수료를 받는 것부터 이익을 확대할 수 있는 생산기구, 예를 들어 성능 좋은 어선, 목이 좋은 매대자리 등을 배정하면서 대가를 받는 등 다양한 형태의 관계가 구축되

적이지만 동시에 현실적으로는 합리적인 관계라고 할 수 있다. 또한 북한의 경제 환경이 급속히 개선될 가능성이 없는 반면 경제난은 상당 기간 지속되어왔기 때문에 네트워크는 구조적인 성격을 갖게 된다고 할 수 있다.

경제환경의 변화는 시장과 같이 새로운 공간에서뿐만 아니라 기존의 작업장에서도 새로운 사회적 관계를 형성한다. 농장의 경우 작업반이나 분조 단위의 경작을 시행하면서, 소출의 일정 부분만 농장에 지불하면 나머지 30%정도는 자신들의 것으로 하는 것도 있다고 한다(PS22). 이 경우 공식적인 농장의 당적 조직, 농민 조직과 다른 공동 경작단위 내의 네트워크가 구축될 수 있다.

경제난과 시장의 활성화 등으로 초래된 새로운 사회계층분화도 새로운 네트워크의 기반이 된다고 할 수 있다. 우선 새롭게 생겨나는 부유층의 경우이다. '돈주'로 지칭되는 자본가집단 등 환경변화에 적절하게 대처하며 부를 축적한 사람들은 상호 교류하면서 자신들만의 차별화된 생활세계를 구축하고 있다.[39] 이들은 커다란 TV와 냉장고와 같은 가전제품이나 피아노 등 문화용품을 경쟁적으로 구매하면서, 서로 비교를 하고 품평을 할 정도다. 자녀들의 좋은 교육환경 구축 등 공동관심사를 갖고 서로 소통한다고 할 수 있다.[40]

고 있다(PS-4).
[39] 옷을 파는 경우도 주로 취급하는 물품이 나누어진다고 한다. 즉, 고급 수제 옷을 간부 등 상류층을 대상으로 판매하는 사람과 시장에서 기성복을 파는 사람이다. 그리고 고급옷을 파는 사람들은 개인적 소개로 집을 찾아다니면서 판다고 한다(PS-11).
[40] 문이 두 개인 '양문 냉장고'를 구입하는 사람도 있으며, 집안 장식 등에 대해서도 서로 경쟁한다고 한다(PS-11).

외화벌이일꾼의 증대도 공동경험을 가지고 있는 새로운 사회집단의 출현을 초래하고 있다고 볼 수 있다. 기업에서 식당 그리고 병원에 이르기까지 운영비조차 제대로 지원하지 못하는 재정상황에서 북한은 '자력갱생'을 강조하고 있다. 이에 대한 대응으로, 외화벌이가 가능한 조직들은 경쟁적으로 그 일에 나서고 있다고 할 수 있다. 중국등지에 급증하고 있는 북한 식당이나, 중동지역의 북한 관련 건설회사 혹은 인력송출회사의 진출, 아프리카에서 개업하는 북한 의사들이 대표적인 경우다. 이들은 일정 기간 외국 생활을 한 뒤 귀국하는데 대부분 북한 기준에서 적지 않은 부를 축적한다고 한다. 이들은 정치적 차원에서는 아니지만 사회적 차원에서 서로 교류하고, 외국생활 경험을 토대로 차별적인 구매형태를 보이는 등 다른 북한 주민들과는 다른 일상 세계를 구축하고 있다고 하겠다.

계급적인 수준은 아니지만 북한의 경제난이 지역적으로 차별화되고 있다는 점(PS-21)도 지역 단위의 서로 다른 사회적 네트워크를 가능하게 한다고 할 수 있다. 특히 식량난이 심했던 동북부지역, 동북지역에서는 중국과의 거래가 활성화된 국경지역과 내륙지역, 현재 북한 최대의 무역거래 지역이라고 할 수 있는 신의주, '혁명수도' 평양, 개성공단의 혜택을 받고 있는 개성 지역 등의 경제적 환경은 다양하다. 생활의 경험이 다른 사람들, 즉 상대적으로 개방화가 진전된 지역주민 간의 소통구조나 열악한 지역의 소통구조는 차별적일 가능성이 크다는 것이다.

경제적인 요인은 아니지만 '새 세대'의 부각도 새로운 사회관계를 형성하는 배경이 되고 있다. 현재 북한에서는 30대부터 새 세대로 보는 경향이 있는데, 이들은 앞선 세대와 의식이나 행동에서 차이가 있다고 할 수 있다. 해방이나 전쟁 그리고 북한의 건국과정을 경험하지 않은 산업화 이후 세대로, 상대적으로 실용적이고 실리적인 경향을 갖는다. 앞선 세대가 이념지향적이고 농업 기반의 전통적인 관계를 중시하는 반면, 새로운 세대는 비록 당 일꾼들이라고 할지라도 40세 이상과 차이가 있다고 한다.[41] 차별적인 세대의 집단은 그들끼리의 사회적 관계망을 형성하고 그들만의 소통구조를 가질 수 있다.

앞에서 이야기한 새로운 미디어의 확산도 사회관계의 확대를 유도하고 있다고 하겠다. 접경지역의 일부라고 하지만, 중국은 물론이고 한국과의 통화도 일상적으로 하고 있는 경우가 적지 않다는 점은 새로운 네트워크의 범위가 넓다는 것을 의미한다. 아직 북한 내부에서는 휴대폰을 가진 사람은 극소수에 불과하고 상업종사자들을 중심으로 확대되는 유선전화도 국내 단위로 제한되기는 하지만 새롭고 광역적 성격을 갖는 네트워크의 출현과 이어진다고 할 수 있다.

3) 사적 담론의 내용

공적 담론과 다른 사적 담론은 일상적인 소재를 중심으로 이루어지고 있다. 이 가운데 탈북자 면접이나 최근 소설에 나타난 내용 가운데 두드러지는 것은 실용주의나 성과에 관련된 것이다.

상준이 이사람, 난 동무가 사낸줄 알았는데 색시한테 사죽을 못쓴다며? 땅크를 몰았다던 사람이 그럼 못써요 무조건 이겨야지, 나처럼, 옳

---

[41] 규범을 준수하는 정도도 다르며 실리적이라는 명분 아래 불법적인 일도 거리낌 없이 관계하기도 한다고 한다(PS-22).

던 긇던……
　　　　― 로정범, 「안해의 소원」, ≪조선문학≫(2006. 8.)

처녀를 위해서라도 대형차를 지나치게 아끼지 말구 부쩍 채라구. 웬간한건 덮어두구…… 생활이란 참빗처럼 깐깐하게 훑어선 한걸음도 전진하지 못해. 어쩌면 웅뎅이건 돌이건 모래건 덤불이건 가리지 않고 마구 밀어가는 물의 흐름과 같은거야.
　　　　― 라희남, 『세월이 지난뒤』, ≪조선문학≫(2006. 12.)

기업관리, 그것은 곧 원가이며 리윤이였다. 국가에 리익을 주게 될 것인가 손해를 끼치게 될것인가, 공장, 기업소 일군들은 무슨일을 하나 해도 언제나 이것부터 생각해야 했다.
　　　　― 김문창, 『열망』(평양: 문학예술종합출판사, 1999), 83쪽.

그때 적지 않은 당, 경제 지도일군들이 상민동무가 반당분자들을 추종하여 수정주의경제리론인 리베르만주의를 기업관리에 도입하려고 한 반당적 일군이라고 신랄히 비판하였습니다. 그러나 나는 상민동무를 그렇게 일면적으로 보고 싶지 않았습니다. 동구의 범벅이 된 기업관리방법이 수정주의에 바탕을 둔 것은 아니라고 생각하였습니다. 기업관리를 깐지게 잘해서 비료생산을 끌어올리려는 불타는 열정에서 빚어진 것으로 리해하였습니다.
　　　　― 백남룡, 「동해천리」(평양: 평양출판사, 1996), 321쪽.

외화를 벌어야합니다. 외화만 가지면 전국을 비롯하여 생산을 정상화하는데 필요한 소소한 물자들을 사올 수 있습니다.
― 김문창, 『열망』(평양: 문학예술종합출판사. 1999), 58쪽.

위의 첫 번째와 두 번째 인용문은 목표달성을 위해서 수단을 포기하여야 한다는 의미를 담고 있다. 절차를 중시하던 기존의 담론과는 다른 것인데, 성과를 중시하는 경향을 대변하고 있다. 세 번째, 네 번째 인용문은 보다 적극적으로 성과주의를 강조하고 있다. 가치의 차원에서 결과가 특히 이익달성 여부가 중요하다는 것이다. 더욱이 이윤을 중시하는 것은 자본주의의 기본적 가치라는 점에서 기존의 담론과는 확연하게 다르다고 할 수 있다. 마지막 인용문의 경우는 그동안 북한에서 비판의 중심이었던 동구 중심의 수정주의까지 수용하는 내용으로 이례적이라고 할 수 있다. 마지막 인용문의 경우는 외화의 필요성을 적극적으로 개진하는 것인데, 자력갱생이나 자립경제와 같은 주체경제의 원리와는 배치되는 것이라고 보아야 할 것이다.

새로운 담론에서 중시되는 것 가운데 또 다른 하나는 물질과 풍요에 대한 열망이라고 할 수 있다.

당신두 참, 우리도 집을 좀 번듯하게 꾸리고 삽시다. 옥이도 제대되 여오겠는데…… 오면 시집도 보내야지요. 다른 집에들 좀 가보라요.
― 장선홍, 「그들의 행복」, ≪조선문학≫(2006. 7.)

그 지방 특산물과 별식들로 차린 푸짐한 대접에 습관된 리창전이였다. 그것과는 비교할수조차 없는 이런 간소한 줴기밥을 먹자니 가책으로 목이 메였다.

― 백남룡, 「동해천리」(평양: 평양출판사, 1996), 59쪽.

류행과 시대풍조에 뒤질세라 새옷을 지어집고 머리모양을 꾸미고 거리에 나서는 도시의 많은 중년 녀성들에 비하여 녀인의 외모는 초라할 정도로 수수하다. ― 같은 책, 6쪽.

윤병암은 터전을 보고 그렇게 했다. 그는 집을 교환하면서……얼싸한 집으로 전변시켰다……지방산업공장에 다니던 안해를 사직시키고 터전 농사를 짖게 하였다. 자못 근면한데다 손부리가 영글고 눈썰미가 좋은 그의 안해는 터전에 심는 마늘과 도마도에서는 물론 돼지, 개, 닭을 잘 길러 해마다 굉장한 수입을 얻었다.

― 김문창, 「열망」(평양: 문학예술종합출판사. 1999), 16쪽.

그 사이 아버지는 외국출장을 여러차례 다녀왔다. 원래 출장을 갔다가도 무엇을 들고오는 일이 없는 아버지는 외국출장에서 돌아올 때도 비행기안에서 녹이다 남은 사탕알을 딸한테 쥐여주는 것으로 기념품을 대신했다. 그런 아버지임을 잘 아는 영혜는 이번에도 면도기 이야기는 까맣게 잊을줄로만 알고 있었다. 그런데 딸이 청해가 있는곳에 출장을 간다는 말을 들은 아버지가 뜻밖에 그 고급면도기를 내놓으며 청해에게 가져다주라고 했다. 영혜는 기쁨보다 도리여 놀라움이 더 컸다. 청해는 면도기를 들고 이리저리 만져보았다. "인주세요." 영혜는 청해한테서 면도기를 받아들고 이것은 스위치, 이것은 전지, 청소할 때는 이렇게 분해하고…… 하는 식으로 일일이 설명하였다. 그런 다음 자기가 자기가 실지 동작을 해보이고 스위치를 넣었다. 면도기는 사르릉 소리를 내며

기분좋게 돌아갔다. "약전전문가가 다르구만."
　　　　— 박룡운, 「젊은 선장」(평양: 금성청년출판사, 2006), 71~72쪽.

　가로수밑에 처녀 총각이 마주서서 무슨 이야기인가 열심히 하고 있었는데 총각은 분명 차인혁이였던것이다. 아버지의 불상사를 듣고 지금쯤은 집에 가있으리라고 생각했던 사람이 거리의 가로수밑에서 처녀와 만나고 있다니⋯⋯ 게다가 윤덕준의 어두운 마음과는 달리 두 젊은이는 매우 밝은 기분상태에 있는것이 첫눈에도 알렸다. 주고받는 말들도 매우 흥겨운것인듯 몇마디만에 서로 번갈아가며 웃어댄다. 윤덕준은 늙은이다운 호기심으로 처녀를 살펴보았다. 얼굴도 몸매도 돋보일만큼 아름다웠는데 그보다 더 사람들의 눈을 끄는것은 그의 옷차림이였다. 봄날에 맞는 밝은 색깔의 꼭맞는 의복이며 굽높은 반짝거리는 신발이며 외국영화에서나 보았던듯 한 중절모 비슷한 모자며 손에 든 황금빛 사슬이 달린 가방이며⋯⋯ 한마디로 말하여 어느 외국영화에서 튀여나오듯 한 화려한 옷차림이였다. 윤덕준은 물론 여자들의 옷에 대한 상식이 전혀 없었고 특히 여자들이 즐겨 화제거리로 삼는 옷의 질에 대해서는 문외한이였다. 그러나 지나가던 처녀들이 그 처녀의 옷에서 부러워하는 시선을 떼지 못하는 것을 보고 그 질이나 맵시가 대단한 것임을 어렵지 않게 짐작할수 있었다.
　　　　— 최영학, 「우리의 집」(평양: 문학예술출판사, 2005), 7~8쪽.

　위 인용문들은 모두 외적인 치장이나, 물질적 풍요, 수입 증대 등이 중요한 가치로 북한 주민들에게 받아들여지고 있음을 보여주고 있다. 특히 뒤의 두 개의 소설에서 나타나는 것은 좋은 것의 기준이 외국문물(외국 출장에서 사온 물건)임을, 혹은 외국 문화(외국 영화의 장면 같다는 점)라는 것이 분명하게 드러나고 있다는 점에서 주목할 필요가 있다.

새로운 가치나 사고나 투영되는 이야기의 환경이 가족, 연애 혹은 가사와 관련되어 있다는 점 그리고 최근 소설에서 나오는 이야기가 보다 적극적이라는 점도 의미가 있다. 이것은 개인적·사적 영역과 관련된 이야기에서 상대적으로 새로운 이야기가 시작되고 있음을 보여준다고 할 수 있다.

소설의 경우 북한의 핵심적인 선전매체로서 여러 단계의 검열을 거친 후 발표된다는 점에서 사적 담론을 정확히 표현하기 어렵다고 하더라도, 최근 소설의 경우에는 공적 담론의 내용과 다른 담론이 구현되고 있다는 점이 중요하다. 탈북자의 증언에 따르면 비공식적이고 사적인 대화에서는 공적 담론과는 다른 내용의 대화가 오간다고 한다.

정치적 정세에 대한 이야기가 대표적인데, 대다수의 북한 주민들이 시장에서 장사를 하고 살아가기 때문에 정세를 정확히 이해하는 것이 중요한 일이라고 한다. 따라서 신년사설이 발표되거나 하면 친한 친구들까지 모여 앞으로의 정책방향을 전망하고 어떤 방향으로 장사를 할 것인가를 토론하는 등(PS-4) 실질적인 상업 활동과 관련되는 정치적인 차원의 담론이 형성되고 있다고 할 수 있다.

시장이나 상업 활동의 증가는 일상적인 차원의 대화 내용에도 일정한 영향을 미치고 있다고 할 수 있다. 부를 축적한 집단에 속한 주부들은 전자제품이나 가구 그리고 커튼과 같은 인테리어와 관련된 대화를 많이 하는 경향이 있다. 그리고 시장에 참여하고 있는 사람들은 시장상황이나 물가 변동 등 경제활동을 소재로 이야기가 진행된다는 것이다. 물질과 소득 그리고 소비와 관련된 담론은 지극히 자본주의적 담론이라고 할 수 있다는 점에서 기존의 공식적인 공적 담론과는 구별된다고 할 수 있다.

남한과 관련된 이야기도 적지 않게 새로운 담론의 내용을 구성하는 경향이 있다. 남북교류가 확대되면서 남한 사람들과 접촉하는 사람들이 많아지면서 자연스럽게 남한 사람들이나 남한의 현실에 대한 이야기가 확산되고 있다고 할 수 있다. 이와 더불어 대북 지원이 확대되면서 남한 문물의 유입도 남한의 풍요로움을 일반 주민들이 알게 되는 계기가 되었다는 점도 남한 관련 담론 형성의 또 다른 배경이라고 할 수 있다.[42] 특히 최근 주민들의 남한 관련 대화는 과거 비판 일색이었던 공적 담론과는 차이가 있다. 남한의 풍요로운 경제상황 등이 대화의 중심이 되고 있으며, 부분적으로 남한 사회의 민주화된 정치 상황과 관련된 대화도 적지 않게 포함되고 있다고 할 수 있다.

북한에서 형성되고 있는 사적 담론의 내용은 기존의 공적 담론과는 다음의 몇 가지 점에서 성격이 다르다고 할 수 있다.

첫째, 이념보다는 물질에 대한 담론이 중심이라는 점이다. 사회주의 체제의 공적 담론은 이념 과잉이라고 할 정도로 사상이나 윤리적인 내용이 중심을 이루는 경향이 있고, 북한의 경우도 예외는 아니다. 그러나 새로운 사적 담론은 소비생활이나 장사 등과 같이 경제부문이 소재가 되고 있으며 이는 자본주의 생활의 특성과 연결되어 있다고 할 수

---

[42] 대북 지원 초기에는 지원 물품의 포장에서 남한 관련 표식을 삭제하는 등의 조치가 이루어졌다. 그러나 최근에는 남한의 표식이 분명한 포장재가 별다른 조치 없이 유통되고 있다. 자동차의 경우에도 남한의 상표가 제거되었으나 현재는 평양이나 개성 시내에서 현대, 기아 등 남한 회사의 로고가 부착된 차들이 다수 운행되고 있다.

있다.

둘째, 체제나 구조보다는 일상생활과 개인적 관심이 중심이 되고 있다고 할 수 있다. 북한의 공적 담론은 일반적으로 정치적 환경이나 국제적인 상황을 주로 다루고 있다. 개인의 경우나 가족을 다루는 경우에도 개인적 차원보다는 사회적 삶을 강조하는 경향이 강하다. 집단주의를 최고의 가치로 삼는 정치사회적 현실에서 개인이 개인으로 머무르는 경우가 거의 없다고 할 수 있다. 그러나 새로운 사적 담론은 소비생활과 같은 지극히 개인적인 삶이나 취향이 중심이 되고 있다는 점에서 집단주의적 가치와는 배치된다고 할 수 있다.

셋째, 전반적으로 담론의 소재가 다양해지고 있다고 할 수 있다. 개인과 일상에서 남한 관련 대화와 변화하는 정세 문제 등 다양한 이야기가 이루어지고 있는 것은 비교적 단순한 소재와 주제가 반복되는 공적 담론과는 차이가 있다. 담론 소재의 다양화는 그 자체가 사회적 관심사의 다양화로 이어지며, 단순한 공적 담론과의 거리감을 넓게 하는 결과를 가져올 수 있다. 또한 사회구조나 집단의 다양화나 다원화와 연결될 수 있다.

넷째, 공적 담론과 사적 담론의 내용 차이는 현재 대립적인 수준은 아니라고 할 수 있다. 이념이나 윤리적인 차원의 당위를 강조하는 공적 담론과 달리 사적 담론은 효율성을 강조하고 있고, 집단주의와 달리 개인주의적 성향이 강하며, 대남관 등 정치적 차원에서도 공적 담론과 사적 담론이 차이가 있는 것은 분명하다. 그러나 이러한 차이가 공적 담론과 사적 담론이 충돌하고 있다는 것은 아니다. 따라서 현재의 사적 담론은 공적 담론과 다른 비공식적인 담론이기는 하지만 대항담론의 차원까지는 이르지 못하고 있다고 할 수 있다.

6. 맺음말: 사적 담론의 형성의 의미

북한의 사적 담론은 현재 형성의 과정을 밟고 있다고 할 수 있다. 지배담론으로서 공적 담론이 여전히 존재한다고 하나 과거에 비하여 사회적 영향력은 축소되고 일상적인 생활과 유리되고 있다고 할 수 있다. 공적 담론이 위기를 맞고 있는 것은 경제난으로 비롯된 북한 체제 내부의 각 하위체제들이 정상적으로 작동되고 있지 못하며, 북한 인민들이 스스로의 생존을 위하여 독자적인 체제를 구축하고 있기 때문이라고 할 수 있다. 특히 장마당으로 지칭되는 시장의 확대는 다양한 형태의 사적 담론이 가능하게 하는 공간적 사회관계적 조건을 초래했다고 하겠다. 이와 더불어 중국과 남한과 같은 외부세계의 접촉과정에서 유입되는 새로운 정보, 새로운 의사전달 매체의 확산, 사회이동의 확대도 새로운 담론형성의 토대가 되고 있다고 할 수 있다.

그러나 현재 형성되는 사적 담론이 공적 담론과 내용에서 차이가 있다는 것은 분명하나, 그 자체가 대항담론으로 발전할 것이라고 보기는 쉽지 않다. 여전히 기존의 통제체제가 작동하고 있으며,[43] 무엇보다도 새로 형성되는 사회적 관계망에 기득권 집단이 연계되어 있기 때문이다. 상업적 성공으로 부를 축적한 신흥 상류층도 당이나 정부의 권력기구와 결탁되어 있다는 점도 사적 담론이 대항담론으로 발전될 가능성을 어렵게 하는 현상이라고 하겠다.

---

[43] 과거에 비하여 체제에 대한 비판적인 이야기는 많이 한다고 하더라도, 최고지도층과 관련되거나 당의 지도부에 대한 비판은 어렵다고 한다. 당의 하부조직 그리고 내각이나 정책에 대한 비판이 허용되는 것과는 차이가 있다(PS-21).

따라서 기존 체제의 변화를 촉진할 수 있는 공적 담론의 위기 현상은 분명하고 이에 따라 새로운 사회담론이 형성되고 있는 것은 분명하나 그것이 체제변혁과 곧바로 연결된다고 하기는 어렵다는 것이다. 그렇더라도 북한에서 형성되고 있는 사적 담론이 개인적 수준에 머무르는 것이 아니라 상업활동과 같은 일상생활을 중심으로 이루어지고 있다는 점은, 변혁적 차원으로 발전할 가능성을 보여준다고 할 수 있다. 자본주의 사회의 경우 사적 담론의 형성과정에서 일단 개인주의화가 되었다가 다시 공공적 성격을 회복하는 것과는 차이가 있다고 하겠다. 사회주의체제가 성립되고 오랜 기간 사회주의적 생활양식, 정확히 말해서 공동체 중심의 일상생활이 익숙한 현실은 사적 담론이 개인의 수준에 머무르지 않고, 공공적 수준으로 발전할 여지를 넓게 해줄 가능성이 있다는 것이다. 이러한 차원에서 본다면 사적 담론이 형성되는 공간과 네트워크의 성격이 구체적으로 어떻게 변할지를 주목해서 관찰할 필요가 있다.

근대 이후 사적 영역이 형성되고, 이를 중심으로 체제변혁이 이루어진 중요한 원인이 사회경제적 구조의 변화라고 본다면, 북한의 경우도 권력구조의 안정성이나 사회통제의 단단함으로 새로운 변화의 추세를 꺾기는 쉽지 않을 것이다. 다만 사적 담론이 대항담론으로 발전하는 수준이나 기간에는 영향을 미칠 수 있을 것이다. 더욱이 고난의 행군을 겪으면서 나름대로 생존전략을 습득한 일반 주민들은 국가에 대한 의존도가 약해지면서 국가의 실질적 영향력이 근본적으로 회복되기도 어려울 것이며, 궁극적으로 사적 담론의 확대 발전은 불가피하다고 볼 수 있다.

참고문헌

1. 국내문헌

김득룡. 1997. 「공적 삶과 사적 삶: 제3의 사적 영역의 가능성」. ≪범한철학≫, 19집. 42쪽.

노지승. 2002. 「1920년대 초반 소설: 1920년대 초반, 편지 형식 소설의 의미 — 사적 영역의 성립 및 근대적 개인의 탄생 그리고 편지 형식 소설과의 관련에 대하여」. ≪민족문학사연구≫, 20.

문순홍. 2001. 「앙드레 고르: 현대 자본주의 비판과 사적 영역의 재탈환 정치」. ≪문화과학≫, 27. 2001. 9. 235쪽.

백선기·김소라. 1998. 「지배담론과 대항담론: 동성애에 대한 '매스미디어'와 '게이 커뮤니티'의 담론관계를 중심으로」. ≪한국커뮤니케이션학≫, 6. 83쪽.

아리에스 외 편. 2002. 『사생활의 역사 1·2·3』. 서울: 새물결.

위르겐 하버마스. 2001. 『공론장의 구조변동』. 한승완 옮김. 서울: 나남.

이상호. 1998. 「사회질서의 재생산과 상징권력 부르디외의 계급이론」. 현택수 외. 『문화와 권력: 부르디외 사회학의 이해』. 서울: 나남.

이영림. 2003. 「근대 초 프랑스에서의 사적 영역의 창출: 개인, 사회, 국가」. ≪사회와역사≫, 통권 63집. 2003. 5. 64쪽.

이영재. 2003. 「하버마스의 소통적 권력과 민주주의 상관성에 관한 연구」. 동국대학교 대학원 박사학위 논문. 155~160쪽.

이우영. 1999. 『전환기의 북한 사회통제체제』. 서울: 통일연구원.

이종영. 2003. 「정치적 프락시스로서의 담론투쟁: 자본주의 국가의 정책을 둘러싼 담론투쟁에 대하여」, 이영환 편, 『통합과 배제의 사회정책과 담론』. 서울: 함께 읽는 책.

임순희. 2006. 『북한 새세대의 가치관 변화와 전망』. 서울: 통일연구원.
조정아. 2006. 『경제난 이후 북한 문학에 나타난 주민생활 변화』. 서울: 통일연구원.
최봉대. 2005. 「계층구조와 주민의 의식 변화」. 정영철·고성호·최봉대, 『1990년대 이후 북한 사회 변화』. 서울: 한국방송.
홍이균. 2006. 「사적 영역의 팽창에 의한 공적 영역의 파괴」. ≪현상과인식≫ 30권 3호. 2006. 9.

2. 서양문헌

Cohen, J. & Arato, A,. 1992. *Civil Soceity and Political Theory*(Boston: MIT Press).

Diane Macdonell. 2002. *Theories of Discourse*. 임상훈 옮김. 서울: 한울.

부록
피면접자 코드와 기초 인적사항

코드	성별	연령대	직업	면접횟수
PS-1[PS-1-1]	여	20대	외화벌이	2
PS-2[PS-2-1~PS-2-5]	남	40대	관리직	6
PS-3	여	40대	사무직	1
PS-4	남	40대	전문직	1
PS-5[PS-5-1~PS-5-3]	남	30대	전문직	4
PS-6	남	30대	외화벌이	1
PS-7	여	40대	주부	1
PS-8	남	60대	노동자	1
PS-9[PS-9-1]	남	30대	사무직	2
PS-10[PS-10-1~PS-10-2]	남	40대	전문직	3
PS-11[PS-11-1]	남	40대	외화벌이	2
PS-12[PS-12-1]	남	20대	노동자	2
PS-13	남	40대	노동자	1
PS-14	남	50대	전문직	1
PS-16	남	30대	노동자	1
PS-17	남	50대	노동자	1
PS-18[PS-18-1~PS-18-2]	남	30대	전문직	3
PS-19[PS-19-1]	남/여(부부)	30대/20대	관리직/노동자	2

코드	성별	연령대	직업	면접횟수
PS-20	남	30대	관리직	1
PS-21	남/여(부부)	30대/20대	관리직/노동자	1
PS-22	여	20대	전문직	1
PS-23	남	30대	전문직	1
PS-24[PS-24-1]	남	40대	관리직	2
PS-25[PS-25-1]	남	30대	노동자	2
PS-26[PS-26-1]	여	50대	사무직	2
PS-27	여	30대	노동자	1
PS-28[PS-28-1~PS-28-3]	남	30대	사무직	4
PS-29[PS-29-1~PS-29-3]	여	40대	주부	4
PS-30	남	60대	관리직	1
PS-31	여	30대	기타	1
PS-32	여	30대	주부	1
PS-33[PS-33-1~PS-33-3]	남	40대	노동자	4
PS-34[PS-34-1]	남	30대	전문직	2
PS-35[PS-35-1]	남	40대	노동자	2
PS-36[PS-36-1~PS-36-2]	여	50대	외화벌이	3
PS-37	남	60대	전문직	1
PS-38	남	40대	관리직	1
PS-39	남	30대	노동자	1
PS-40[PS-40-1]	남	40대	전문직	2

비고: 면접조사 진행과정 중 피면접자 코딩작업의 착오로 PS-15는 결번 처리함.

찾아보기

숫자

3대혁명 붉은기 쟁취운동 96
7·1 경제관리개선조치 12, 29~30, 34~35
8·3 노동자 52

ㄱ

가구주 43~44
가내수공업 52
가내임가공 부업 53
가치관 127, 13@~135, 138
간부사업 63
갈등 관계 117
감사장 61
강계정신 101
개성 129, 131, 171
개인사업 57~58, 61, 66
개인소유 26

개인재산 45~46, 59~60, 62~63, 65~71
   개인재산 불법은닉죄 70
   개인재산 축장 69
   개인재산의 은폐 45
개인주의 179
거간꾼 52
건설지원사업 61
경제 외적 강제 72
경제부문 책임일꾼협의회 83
경제위기 42
경제적 계층 43, 46
   경제적 계층범주 43, 60
   경제적 계층분화 41~43, 45, 47, 49, 70, 72
   경제적 계층의 구성비율 44
   경제적 계층체계 57
경제적 불평등체계 70

경제적 상층 59, 61~63, 65, 71
경제적 잉여 72
경제적 중간층 53, 55
경제적 하층 51, 55
계층구분의 일차적 기준 44~45
계층범주의 상하방 경계 44
계층체계 간 상승이동경로 62
고급 인텔리 54
고급소비생활 44
고난의 행군 28, 31, 54~56, 101, 103, 105, 109~110, 116, 119, 131, 167
고전적 사회주의체제 12, 26, 35
공간의 정치 33
공구관리원 54
공식 직업경력 56
공식부문(국가부문) 42
공적 담론 145
공적 부문 72
교화 68
교화소 121
국가공금 횡령죄 69
국가공급체계 41~43, 50
국가부문 46
국가재산 70
국민국가 11, 13~17
귀국자 63
금속 밀매 54
기본군중 48, 51
기지장 54
꽉새 129

ㄴ

네트워크 172
노동과 63
노력영웅 칭호 61, 68
노력폰드 57
노멘클라투라 46

ㄷ

달리기 52
담론투쟁 154
대중운동 96~97
대항담론 145, 152
도매장사 54
도시가구 43
독립채산제의 원칙 30
돈 78, 82, 94
돈장사 55
돈주 59~61, 168~169
돈증법(頓增法) 85
돌격대 54, 96, 104, 113~114, 127
동요계층 48
디자인 55
딸딸이 52

ㄹ

라선 55
레닌(N. Harding, Lenin) 21~22, 24
레스 푸블리카(res publica) 13
레스 프리바투스(res privatus) 13

ㅁ

마르크스(K. H. Marx) 20
만년대계 128
망종 63
매개항 81~82, 95, 117
면접조사 44, 49, 59
모기장론 164
무상몰수 68
무역일꾼 63, 69
무역지도원 60
물리적 억압체제 143
물질문명 31
민영화 19
밀수 52
밑천 46, 51, 53~56, 62

ㅂ

바흐친(Mikhail Mikhailovich Bakhtin) 79
반미주의 31
반혁명적 적대분자 60
발견의 절차 31
배급체제 160
백두산식 사랑 131
법적 교양대상자 113, 132
보위사령부 69~70
볼셰비키 24
부르주아 공공영역 13~14, 17~19
부르주아 혁명 20
부양여성 57

부업 44, 46, 51~52, 56~58, 62
부업선 60
부업활동 52, 65
부패 72
비공식부문 42~43
비공식적 연결망 43, 58, 62, 71~72
    비공식적 연결망자원 47~51, 53, 55~59, 61, 63~66, 71
    비공식적인 사회적 연결망 43
    비공식적 연결망자원 배분체계 49
비법 123, 125
비사검열 60
비사검열 합동그루빠 61
비사회주의 검열 131
비상용 예비자금 46
비혈연적 연결망자원 47, 61
빈익빈 부익부 99

ㅅ

사민 51, 63, 68
사법안전기관 48, 56, 58
사상투쟁 82, 116
사유재산 45
    사유재산권 관념 45
    사유재산권의 물질성 72
사유화경로 49
사적 담론 145
사적 부문의 비공식적 시장화 49, 70, 72
사적 부문의 시장화 42~43, 48~49,

57, 71~72
사적 영역　147
사회관계　20, 31, 35
사회동원　113, 118
사회양극화　99, 107, 137
사회적 불평등체계　41, 70
사회적 차별　55
사회주의적 소유　26
상행위　52
새 세대　171
새로운 세대의 등장　161
생산수단용 재산　45
생활비　46
생활총화　117, 145
선전매체　177
선전선동　144
설비등록　56
세대주　51~52
소비생활　45~46, 54, 57, 59, 65
소비재 시장　42
수출원천　63
숨은 영웅 따라 배우기　96
스탈린주의 노선　25
시 안전국장　70
시각의 잉여　79
시급건설대상　57
시당 책임비서　70
시장우월적 지위　56
시장의 활성화　163
시장이행가설　41, 46

시장적응능력　51, 53, 59
신경제정책　24
신분상승　103~104, 107
신자유주의　11, 19
실력자　47, 66
실리주의　29~30, 89, 91~92, 159
실적주의　91, 94
심층면접조사　43, 49~50

ㅇ

아날학파(Annales School)　31
아래로부터의 자발성　22
안면관계　47, 51, 55, 64
애국주의 가치관　91
애국주의적 실리주의　92
약탈적 소비자　72
엘리트의 직권남용　72
엥겔스(F. Engels)　20, 23
여맹　61
여성의 힘　133
영웅적인 모습　130
영원한 동행자　87
예방적 변화　92
외화　45
　　외화 개인재산　72
외화벌이　52, 61, 112, 119~120, 136,
　　138, 170
　　외화벌이 단위　63
　　외화벌이 원천사업소장　63
　　외화벌이회사　60. 63

외화벌이기관 66
외화벌이기지 54, 68
외화벌이부문 62
외화벌이일꾼 59, 63, 64
욕망의 사회적 실현 79
욕망하는 존재(Homo Desidero) 77
원천동원 일꾼 62~64
원천동원자금 66
원천동원지도원 63~64
하버마스, 위르겐(Jugen Haberma) 13, 17, 147
유기적 통치체(body politic) 14, 27
유행 55
의회주의적 개혁 18
이념 81~82, 84, 87~88
　이념적 억압체제 143
이자놀이 109
이중성 17
이중장부 110~111
이중지배 23
인간적 자아 32
인민반장 60
일고(日雇) 52
임가공 55
　임가공료 53
　임가공사업 53, 55
　임가공수출 63
임대노력 52
입당 52, 61

ㅈ

자가소비식량 44~45
자력갱생 120, 129, 137, 171
자본가집단 170
자생적 시장화 28
자연상업 62
자영제조업 57
자유주의 119
자재인수원 64
자재지도원 52
장마당 28, 180
　장마당 장사 52
장사 54
재일교포 연고자 60
재정검열 63
정무원 책임제 83
정치적 생명 69
정치적 신분 53, 55, 64, 66
　정치적 신분 불평등체계 41
　정치적 신분체계 43, 47~48, 50, 53~56, 58, 61, 63~64, 66, 68,~72
　정치적 신분체계의 최하층 51
　정치적 신분체계의 상층 48, 58, 72
　정치적 신분체계의 상층 구성원 69
　정치적 신분체계의 중간층 48, 64
　정치적 신분체계의 최하층 또는 하층 53
정치적 자본주의 47
제2의 천리마대진군 96
제2인터내셔널 21

제한적 시장화 30
조선말대사전 25
종파 70
주민노력동원사업 52
주체사상 31
중간층가구 55
중기 45, 52
중기 되거리장사 52
중기장사 56, 62
지대추구활동 64
지도원 56, 61
지라르(Girard, Jean-Baptiste) 81
지방당 외곽단체 64
지방산업공장 53, 56, 60
지배담론 144
지배엘리트 46, 49, 69
　　지배엘리트 연속성 가설 46, 47
지배이데올로기 153
지배인 60
집단심성 31~32
집단적 사회성(sociality) 27
집단주의 28, 82~83, 104, 116, 131, 133, 136, 139, 179
집합적 소비재 70

ㅊ
차떼기 수입 124
창작지도일꾼 88
청년동맹 초급단체 52
체제이탈현상 109

체제이행 42, 72
　　체제이행 동력 70
축장화폐 72
출납원 54
출신성분 48, 51~52, 57, 61~62
치안대 60

ㅋ
카터(James Earl Carter) 83
큰 돈주 59, 64

ㅌ
토대 48, 51~52, 56, 62, 64
트로츠키(Lev Davidovich Bronstein) 78
특수단위 69

ㅍ
편의봉사망 50
편의봉사사업소 56
폴라니(K. Polanyi) 15
폴리스 12
표본 대표성 49
프롤레타리아 20~22
　　프롤레타리아 독재 20, 22

ㅎ
하이에크적(Hayekian) 시각 31
합법적 사경제 42
　　합법적 사경제영역 42~43
해외지사장 69

행정간부 56~57, 65
허구적 상품(fictitious commodity) 15
허구적 정체성 17
헌금 60, 61, 68
혁명구호 155
혁명자금 70
혁명적 군인정신 79, 85
혁명화 85, 95
혈연적 연결망자원　47, 56, 59, 62, 64~65, 68
협잡꾼 63, 120
화폐권력 72
화폐축장 69
회계장부 63
후견인 66
후방물자 지원사업 61
후방사업 120

지은이

구갑우
서울대학교 정치학 박사
북한대학원대학교 부교수
저역서와 논문: 『유럽통합의 정치와 신자유주의적 통신정책』(2007), 『비판적 평화연구와 한반도』(2007), 『국제관계학 비판』(2008)

노귀남
경희대학교 문학 박사
경남대학교 극동문제연구소 객원연구위원
저역서와 논문: 「韓龍雲 詩의 '相' 硏究"」(박사학위논문, 1996), 「북한의 선군혁명문학론」(2005), 「북한의 일상생활」(2006), 「문학의 분단해소와 이북문학의 수용」(2007)

이우영
연세대학교 사회학 박사
북한대학원대학교 부교수
저역서와 논문: 『남북한 문화정책 비교연구』(1994), 『전환기의 북한 사회통제체제』(1999), 『탈분단 시대를 열며: 남과 북, 문화 공존을 위한 모색』(공저, 2000), 『북한의 자본주의 인식 변화』(2001), 『북한사회의 상징체계 연구』(2002), 『북한 문화, 둘이면서 하나인 문화』(공저, 2006)

최봉대

서울대학교 사회학 박사
경남대학교 연구교수
저역서와 논문: 「미군정의 농민정책에 관한 연구: 농민층 통합과 한국 국가의 기반 형성과정을 중심으로」(박사학위논문, 1994), 「북한의 속도전청년돌격대와 체제유지 기제」(2001), 「탈북자 면접조사 방법」(2003), 「북한의 도시 '장마당' 활성화의 동학」(2006)

최완규

경희대학교 정치학 박사
북한대학원대학교 교수
저역서와 논문: 『북한은 어디로: 전환기 '북한적' 정치현상의 재인식』(1996), 「세계화의 압력과 새로운 통일논의」(2000), 「대북정책의 국내적 제약요인 분석」(2000), 『북한연구 방법론』(공저, 2004), 「북한 체제의 지탱요인 분석」(2006), 「북한 도시정치 변화에 대한 미시적 접근」(2007)

함택영

University of Michigan 정치학 박사
북한대학원대학교 교수 겸 부총장
저역서와 논문: 『남북한 군비경쟁과 군축』(1992), 『국가안보의 정치경제학』(1998), *Arming the Two Koreas: State, Capital and Military Power*(1999), 『21세기 평화학』(공저, 2002), 『북한군사문제의 재조명』(공저, 2006)

한울아카데미 1060
북한대학원대학교 총서 7
북한 도시주민의 사적 영역 연구
ⓒ 이우영, 2008

엮은이 | 이우영
지은이 | 구갑우·노귀남·이우영·최봉대·최완규·함택영
펴낸이 | 김종수
펴낸곳 | 도서출판 한울
편집책임 | 김경아

초판 1쇄 인쇄 | 2008년 8월 21일
초판 1쇄 발행 | 2008년 8월 30일

주소 | 413-832 파주시 교하읍 문발리 507-2(본사)
　　　 121-801 서울시 마포구 공덕동 105-90 서울빌딩 3층(서울 사무소)
전화 | 영업 02-326-0095, 편집 02-336-6183
팩스 | 02-333-7543
홈페이지 | www.hanulbooks.co.kr
등록 | 1980년 3월 13일, 제406-2003-051호

Printed in Korea.
ISBN 978-89-460-5060-0　93340

* 가격은 겉표지에 있습니다.